销售狗

〔美〕布莱尔·辛格 著　萧明 译

四川人民出版社

readers-club

北京读书人文化艺术有限公司
www.readers.com.cn
出 品

致中国读者的一封信

亲爱的中国读者：

你们好！

今年是《富爸爸穷爸爸》在美国出版20周年，其在中国上市也已经整整17年了。我非常高兴地从我的中国伙伴——北京读书人文化艺术有限公司（他们在这些年里收到了很多读者来信）那里了解到，你们中的很多人因为读了这本书而认识到财商的重要性，从而努力提高自己的财商，最终同我一样获得了财务自由。

我很骄傲我的书能够让你们获益。20年后的今天，世界又处在变革的十字路口。全球经济形势日益复杂，不断涌现的"黑天鹅事件"加剧了世界发展的不确定性，人们对未来充满迷茫，悲观主义情绪正在蔓延。

而对于你们，富爸爸广大的中国读者来说，除了受世界经济的影响，还要面对国内经济转型的阵痛，这个过程艰苦而漫长。当然，为了成就这种时代的美好，你必须坚持正确的选择，拥有前进的智慧和勇气。这就需要你努力学习。

最后，我还是要说，任何人都能成功，只要你选择这么做！

罗伯特·清崎

富人教他们的孩子财商，
而穷人和中产阶级从不这样做。

——〔美〕罗伯特·清崎

出版人的话

　　转眼间，"富爸爸"问世已20余年，与中国读者相伴也已近20年。在中国经济和社会蓬勃发展的20年间，"富爸爸"系列丛书的出版影响了千千万万的中国读者，有超过1000万的读者认识了富爸爸、了解了财商。在"富爸爸"的忠实读者中，既有在餐厅打工的服务员，也有执教讲堂的大学教授；既有满怀创业梦想的年轻人，也有安享晚年的退休人士。"富爸爸"的读者群体之广、之大，是我们不曾预料到的。

　　作为一套在中国风靡大江南北、引领国人创业创富的财商智慧丛书，"富爸爸"系列伴随和见证了千万读者的创富经历和成长历程，他们通过学习财商，已然成为中国的"富爸爸"，这也是我们修订此书的动力。20年来，"富爸爸"系列也在不断地增加新的"家族成员"，新书的内容也越来越贴合当下经济的快速发展以及国内风起云涌的经济大潮，我们也在十几年的财商教育过程中摸索出了一套适合国内大众群体的"MBW"财商理论体系，即从创富动机、创富行为习惯、创富路径三方面培养学员的财商，增强大家和财富打交道的积极意识，提高抗风险的能力。

　　曾有一位来自深圳的学员告诉我，他当年就是因为读了《富爸爸穷爸爸》一书，并通过系统的财商训练，才在事业上取得了巨大的成功。难能可贵的是，成功后的他并没有独享财富，而是将自己致富的秘诀——"富爸爸"财商理念分享给了更多想要创业、想要致富、想要成功的人。

在"富爸爸"的忠实读者群中，类似的成功故事还有很多很多。在"富爸爸"的影响下，每一位创富的读者都非常乐意向更多的朋友传授自己从财商训练中获得的成功经验。

值此"富爸爸"20周年之际，作者的最新修订版再次契合了时代的发展、读者的需要。在经济金融全球化的发展与危机中，作者总结过去、现在和未来财富的变化与趋势，并重温了富爸爸那些简洁有力的财商智慧，在中华民族伟大复兴的新时代，"富爸爸"系列丛书将结合财商教育培训，为读者带来提高财商的具体办法，以及在中国具体环境下的MBW创富实践理论。丛书的出品方北京读书人文化艺术有限公司将从图书、现金流游戏、财商课程等多角度多方面，打造出一个立体的"富爸爸"，不仅要从财商理念上引导中国读者，更要在实践中帮助中国读者真正实现财务自由。读者和创业者可以通过关注读书人俱乐部微信公众号，来了解更多有关"富爸爸"系列丛书和财商学习的信息。

正如富爸爸在书中所说，世界变了，金钱游戏的规则也变了。对于读者和创富者来说，也要应时而变，理解金钱的语言、学会金钱的规则。只有这样，你才能玩转金钱游戏，实现财务自由。

汤小明

读书人俱乐部

声　明

　　本书旨在就相关问题提供概要知识。不过，各地区的法律制度和具体操作规程各不相同，而且所有的制度和规程都不是一成不变的。鉴于每种具体情况各有特点，特殊环境应给予特殊考虑，给当事人提出的有关建议也应该是因地制宜的。因此，建议读者在面对具体问题时，仍要咨询自己的顾问。

　　在本书的写作过程中，作者的态度相当谨慎，力图确保书中所述事实在本书写作之时是正确无误的。需要特别声明的是，对于因使用本书所提供的信息而造成的后果，作者与出版商不承担任何责任。另外，本书提供的信息不应该被视为解决个人问题的法律建议。

致　谢

　　我只能说我这一生非常幸运，因为我有世上最好的老师和最好的领导。你也许不会在《财富》杂志上看到他们的名字，他们的名字可能也不会被载入史册，或是出现在《世界名人索引大全》上，但是，正是他们让我今天的生活如此丰富多彩。他们似乎总是在我左右，就像巴克敏斯特·富勒博士说的那样："总是出现在紧要关头！"我唯一的愿望就是把我从他们那里学到的一切传递下去，让别人也受益，以此来表达我对这些老师们的崇敬之心。

　　在给予我激励与帮助的这些人以及老师当中，首先要感谢艾琳——我的妻子，她给了我不懈地支持，并让我认识到纯洁的爱情所蕴涵的真正意义。还有我的儿子本杰明，他给我带来的激励与鼓舞是迄今为止最让我惊叹不已的。我亲爱的朋友罗伯特·清崎，他以非凡的智慧帮助我打造了这个项目，没有他，我可能至今都没有找到自己人生的定位。而金·清崎对我而言，一直是一盏指引我前行的明灯，我从她那里得到了大量的信息，并得到了来自她个人的全力支持。感谢我的父亲和祖父，他们过去是、现在仍然是当今最了不起的销售狗。他们教我如何做一个勇敢、正直、幽默和有毅力的人。我的母亲和我的祖母让我看到了爱和承诺的力量。我的兄弟和两个姐妹，他们一直是我最好的朋友和我最好的宣传者。此外，我还要感谢我在生意上的指路人罗伯特·艾特尔森，没有他，我可能现在还在俄亥俄州开拖拉机呢。

感谢我的朋友戴维·埃弗里克，他一直不遗余力地为我提供非常了不起的建议，为我指引方向。还要感谢所有支持我的朋友们，是他们让这一切变为可能，他们是：韦恩与林恩·摩根、基斯·坎宁安（超级看家狗）、赫尔曼·莱特（冠军销售狗）、理查德与维洛尼卡·丹、P.J.约翰斯顿与苏茜·戴夫尼斯、保罗与温迪·百金汉克汉姆、卡洛尔·莱西、劳伦斯·韦斯特、杰恩－泰勒·约翰逊、波林·亚伯、布伦达·桑德斯、杰米·丹佛斯、朱莉·贝尔登、戴安娜·科尔斯、雪莉·迈索那夫、切里·克拉克、D.C.哈里森，感谢所有多年来不惜投入宝贵时间为我提供知识和帮助的朋友们。

特别要感谢卡伦·麦克莱迪，她是个写作天才，是她使本书具有了很强的可读性，简明易懂，而且多年来是她最终把我想说的话正确地叙述了出来。感谢迈克·雷诺和他的工作团队，感谢他们设计的网页，以及他们为本书所投入的一切努力。

当然还要感谢爱因斯坦，是他将艺术、幽默和创造力完美地结合在一起，正是这一点赋予本书以生命、形体和不断创新的精神活力。

目 录

1	序言
9	前言
19	第1章 你是一只销售狗吗
27	第2章 干吗管人叫销售狗
35	第3章 识别狗的品种
53	第4章 看家狗
59	第5章 找准猎物，找准狗
65	第6章 各有各的强项
79	第7章 发挥你的强项
85	第8章 超级混种狗训练
93	第9章 管理狗窝——销售狗的行动章程
113	第10章 顽强的信念——冠军销售狗的4种思维方式
133	第11章 狩猎训练——销售狗取得成功的五大技巧
163	第12章 控制销售狗的情绪
173	第13章 是什么让他们卷土重来——应对斥责和拒绝的技巧大揭秘

187	第14章	看门狗与猪
191	第15章	狩猎——销售狗的"蹭蹭"周旋套路
217	第16章	这到底是谁的灭火龙头——领地管理秘诀
221	第17章	远离流浪狗收容所——销售狗的职业发展
233	第18章	狗只知道"做事"
241	第19章	你究竟是哪一种销售狗

序　言

　　我的富爸爸说："你的财富、权力和幸福都会随着你沟通能力的提高而越聚越多。"

——罗伯特·清崎

穷爸爸的建议

　　我从越南战场上回来时，觉得是该决定到底要听谁的意见的时候了。我是该跟随富爸爸的脚步呢，还是要继续走穷爸爸的老路？穷爸爸说："你应该再回学校读书，拿一个硕士学位。"我问他为什么要拿硕士学位，他说："这样你就能在 GS 评分中拿到高分，就能找到一份薪水较高的工作。"于是我问他："什么是 GS 评分呢？"

　　穷爸爸接着解释说，GS 就是指"政府服务（Government Service）"，高学历有助于拿到更高的 GS 评分，而更高的 GS 评分就意味着更高的薪水。当时我还在美国海军陆战队服役，从一个政府机构换到另一个政府机构，对我来说实在谈不上是什么更好的选择。我很喜欢海军，但是我并不喜欢政府机构的人事制度，在那里，提拔一个人总是要看他的资历、学历、工作年限和其他个人无法把握的因素。我就曾目睹很多能力很差的官员得到了提拔，而能力比他们强的人反而只能原地踏步，前者都是些"唯命是从"的人，而绝非出色的领导者。

　　穷爸爸建议我重返校园，无非就是让我再次进入政府部门，拿更高的工资。这实在让我高兴不起来。我想寻找一个能靠自己的理财本领实现个人发展的机会，而不希望一切都只取决于我的学校成绩和工资水平。我绝对不想终生受雇于一个体系，任由它来决定我能挣多少钱，得到什么样的福利，被什么样的人领导，什么时候退休，退休后拿多少钱……

富爸爸的建议

我告诉富爸爸，我决心走他的路——进入商界。他没有鼓励我重新回学校读书，而是说："如果你想进入商界，就必须首先学会如何推销。"

"学推销？"我说，"但是，我想做个企业家呀。我想和你一样。我想拥有一家大企业，雇很多人为我工作。我想投资房地产，拥有很多土地和大房子。我可不想去当什么推销员。"

富爸爸笑了笑，似乎觉得我太幼稚了。

"你为什么笑呢？"我问，"销售和创办企业、管理员工、融资、投资有什么关系吗？"

富爸爸又笑了笑，说："关系可大了。"

态度的转变

在《富爸爸穷爸爸》一书中，我提到过我是在一个教育世家长大的。家人认为我和我的兄弟姐妹理所应当争取拿到硕士学位，甚至博士学位。

高学历被认为是极其尊贵的，而相反的另一个极端则是推销员。在我们这个知识分子之家，推销行当被视为最低贱的职业。当富爸爸告诉我进入商界的第一步就是做个推销员时，我们家给我灌输的对推销员的鄙视一下子布满了我的身心。要接受富爸爸的建议，我只有让自己对销售以及推销员的态度来个180度的大转变。

铁皮人

几年前，好莱坞推出了一部影片，叫《铁皮人》。讲的是几个推销员挨家挨户地推销铝制墙板的故事。虽然这是一部很搞笑的电影，但是我看的时候却怎么也笑不出来。我之所以笑不出来，是因为这部影片太真实了，简直和现实生活一模一样。

我上中学的时候，有一次父母曾经让两个"铁皮人"进了我们家。他们和我父母一起坐在厨房的桌子边，开始卖力地推销。大概1个小时以后，他们得到了一份合同。我妈妈签了一张支票作为押金，这时其中一个推销员站起身和我的父母握手，然后朝自己的车走了过去。买卖成交了。

接着我们听到一种声音，一种劈木头的声音。爸爸、妈妈、另一个推销员、我兄弟和我都跑到门外，冲下楼梯。楼梯下面站着的是刚刚回到车上的那个"铁皮人"，他正挥着一根从后备箱里拿出的撬棍，朝我们家的房子砸去。

我父母惊讶得说不出话来。他们都惊呆了，不敢相信眼前发生的事情。"你这是干什么？"我爸爸终于反应过来，问道。

"别担心，清崎先生。"这个"铁皮人"一只手拿着撬棍说，"我们不过是开始工作而已。"

接着，第二个"铁皮人"也走到车旁，拿出一块铝制墙板，两个人一起把它钉在房子被砸坏的地方。"好了，"其中一个说道，"工作已经开了头了。等我们收到你的钱，就回来把剩下的工作做完。"说完，他们就跳上车扬长而去了。

一连好几个月，我们家房子的一角就一直那样破着，上面耷拉着一块破破烂烂的铝制墙板。我父母特别难受，几个月来一直吵个不停，好多个晚上我们都睡不着觉。他们试图解约，把钱要回来，还提出让对方把房角修好。我记得妈妈对我说："要是你爸爸被这两个推销员气得犯了心脏病，气死了，那我永远都不会饶恕他们。"我当时也很为爸爸的身体担心。

那两个"铁皮人"再也没回来。在我们拨了6个月的电话后，铝制墙板公司终于把合同寄了回来，上面盖着"取消"的字样。虽然我父母得以和他们解除合同，但是那家公司拒绝返还已付的押金，也没来为我们把房角修好，于是战争还在继续。我们隔壁的邻居几个月来一直关注着这次事件留下来的烂摊子，最后他终于忍不住了，把墙板扯了下来，把撬棍捣毁的地方修补好了。从那以后，我父母不提则已，只要一提到推销员，就必定会骂他们个个都是狡诈、懒惰、谎话连篇、投机取巧、四处游荡的人渣，恨不得把所有能想到的贬义词都堆到推销员的身上。

"铁皮人"事件已经过去大概10年了，而现在，富爸爸居然建议我学做一个推销员。富爸爸在和我说这些话的时候，我的脑子里只想着一件事，那就是：我怎么和我爸爸说呢，说我要做个"铁皮人"？

我得到的最好的建议

如今，要是有年轻人问我，初涉商界应该做些什么，那么，我给他们的建议和富爸爸当年给我的建议是一模一样的，就是去找一份销售工作。我告诉他们，富爸爸曾建议我找一份可以提供正规销售培训的工作，而这可以说是我得到的最好的建议。

这些年轻人没有意识到这个建议有什么高明之处，他们和我当初的反应一样："可是我有大学学历，我难道不应该一开始就做管理吗……怎么能去做推销呢？"

在这种情况下，我总是把"铁皮人"的故事说给他们听，然后再把富爸爸对"铁皮人"的评价也说给他们听。关于"铁皮人",富爸爸是这么说的:"这个世界上到处都是'铁皮人'。所有的行业都有,不是只在销售行业才会有。在教育界、医学界、法律界、政界和宗教界都有这样的'铁皮人'。所以不要因为你遇到过几个'铁皮人',就对整个销售行业妄下评语。'铁皮人'之所以成了'铁皮人',是因为他们不是优秀的推销员。操纵、欺骗、施加压力、假装诚信、虚伪地微笑,这些都不是销售。销售是沟通。真正的销售是要付出关心、认真聆听、解决问题、为你的客户提供服务。"

对富爸爸而言,销售意味着一种能力,一种超越个人疑虑、恐惧和欲望的能力,同时也意味着每天抱着同一个信念四处奔走,这个信念就是为我们的客户提供服务。在他看来,这就是销售的全部意义。他说:"真正的销售或沟通不在于你能拿下多少订单,或者你的销售提成有多高。真正的销售意味着你对公司的产品或服务满怀激情,同时对客户的需要、愿望和要求非常理解。"

富爸爸相信互惠法则,也就是所谓的黄金法则。他很清楚,不能仅仅依靠提成的多少来衡量一个人的销售能力。相反,他说:"要不断提高你的销售能力和沟通能力,如果你能用自己的技巧来帮助他人,那么你的生活也将得到改善。"他不断强调这一点,他说:"你的财富、权力和幸福都会随着你的沟通能力的提高而越聚越多。这个技巧是你在商界,乃至人生中最重要的技巧,用你的技巧去改善他人的生活,你的生活也将得到改善。"

不管你选择的是哪一种生意,沟通能力和销售能力对你的成功来说都是至关重要的。

伟大的领袖都是伟大的沟通专家

最终让我转变态度、决定进入销售行业的主要动力是,富爸爸告诉我，伟大的领袖都是伟大的沟通专家。富爸爸让我想象一下林肯在葛底斯堡演讲中表现出的非凡力量。富爸爸说："林肯成功地推销了这样一个观点，那就是这场战争是一项伟大的事业，为这个事业而战是值得的。"富爸爸还提到了约翰·肯尼迪，说肯尼迪在有关登月计划的演讲中也成功地推销了一个观点：我们应该把人类送上月球。作为一名虔诚的教徒，富爸爸还提到了特蕾莎修女等人，讲述了这些人如何默默地向世人推销了一种关爱人类的理念，以及他们在这一过程中所表现出的超凡能力。

富爸爸说："如果你梦想有一天自己能成为某个领域的领袖人物，你就要不断提高自己的销售能力，因为正是这种能力造就了伟大的领袖。正是他推销某种信念的能力使人的生活乃至全人类的历史发生了彻底的改变。"

开始销售训练

1974年，我离开了美国海军陆战队，来到施乐公司工作。我之所以选择施乐，是因为它能为员工提供非常出色的销售培训。实际上，这也是一个向其他公司推销的项目。不过，除了施乐的销售培训项目非常出色之外，同样吸引人的还有，真正的课堂就在销售办公室和大街上。

对我来说，学习推销是我一生中最难的一件事。我是一个很怕羞、很内向的人，每当我去敲别人家门的时候，心里那份恐惧简直比上战场还要厉害。在最初的两年里，我痛恨这种恐惧，痛恨我每天上午都要经历这种磨难。我痛恨不得不对我的销售经理说，我这个月的业绩又很糟糕，又是什么都没卖出去。我痛恨看到自己的提成支票，它让我明白这个月很可能又要入不敷出了。我痛恨学习推销的每一个环节——虽然它是我所接受的最好的商业培训。我可以很坦诚地说，我今天所拥有的财富、权力和幸福都和我的销售能力以及沟通能力密切相关。

销售狗的重要性

　　本书作者布莱尔·辛格是我相交 20 年的好朋友。他是一个了不起的沟通专家和老师，也是一个很了不起的人。他的这本书给这个平日枯燥、严肃的主题增添了一丝幽默的色彩。我和布莱尔第一次讨论本书是在 1999 年，当时我们都回想起自己还是推销新手时参加销售会议的情景：会议室里坐着各种各样的销售人员。每个星期一早上，我们这些性格迥异的人都要齐聚一堂，等待销售经理来发表鼓舞士气的演讲，我们当时总是拿这个开玩笑，暗地里窃笑不已。就是在那个时候，布莱尔说："要训练一屋子的销售人员，简直要比训练一屋子的狗还可怕。"也就是在那个时候，他提出，一个公司的销售部门就像一个狗窝，里面有各种各样的混种狗和纯种狗。就这样，销售狗培训项目诞生了。

　　能请布莱尔·辛格来做"富爸爸"团队的顾问，并把本书纳入"富爸爸顾问"系列，我深感荣幸。如果富爸爸今天还在世的话，也会为此感到骄傲和开心。如果他在这里，一定会对你说："要坚持提高你的销售能力和沟通能力。你的财富、权力和幸福都会随着你沟通能力的提高而越聚越多。"

　　请读一读这本书，把这次阅读当成一种享受和学习的过程，然后在它的指导下前进，去获取你想要的财富。

罗伯特·清崎

前　言

　　罗伯特·清崎在《富爸爸财务自由之路》一书中，把人们划分为4个象限：E象限（雇员）、S象限（自由职业者）、B象限（企业主）和I象限（投资人）。显然，积聚财富的最好机会都集中在B象限和I象限。可是对很多人来说，取得生意上的成功或开展一项业务所面临的最大障碍，莫过于对销售的恐惧和厌恶，以及个人销售能力的欠缺。如果你不会推销，就无法开展任何业务。销售和领导是相辅相成的，因为两者都是要向他人展示一个更好的创意，并说服他人为了这个创意采取积极的行动。我从没见过哪个伟大的领袖不知道如何推销、不懂得如何说服别人或影响别人的。

　　对于那些还没有准备好进入B象限，或者根本就不想进入B象限的人来说，还有一个迅速积累大量财富的机会，那就是学习推销。一旦掌握了推销的技能，你就能通过提成、版税、股本和红利等积聚大量的资金，从而尽快进入B象限或I象限。和那些只拿着固定收入的人相比，你可以得到更高的报酬。你不用再乞求别人给你加薪，不用再期盼别人对你大发善心，你只需走出去推销更多的产品。

　　我的爸爸和爷爷给我留下了一笔非常了不起的财富，这笔财富就是一种认知能力。我认识到自己可以在任何时间、任何地方创造收入。他们让我认识到，如果我提供的一种产品、一项服务或是一个商机能够满足或高于另一个人的需要，那我就一定能赚到钱。而我要做的就是把这产品、服务或商机推销出去！

　　如果你有意在B象限取得成功，你就必须成为一只销售狗。否则，你只能空有伟大的梦想，却无法实现。

　　我之所以写这本书，是因为在这30年里，我一直在做和销售有关的事情，在销售领域，我亲眼目睹了许多人获得了令人难以置信的成功，同时也有许多人经历了巨大的失败。我认为，只要对有关销售和沟通的基本理念进行一番研究和探讨，我们就可以尽量控制出现销售低潮，而让销售高潮迭起。

我自己也养了一只狗。多年来，我发现这些犬科朋友和我们人类存在很多惊人的相似之处。我们在世界上再也找不到比它们更好的伙伴了。从古到今，狗总是保护着自己的主人，为主人寻觅食物，在主人孤独的时候奉献无尽的爱与友情。它们镇定自若、勇往直前、乐观豁达、持之以恒——和任何一个出色的销售人员别无二致。

如果你能读完本书，并能从中学习，再学以致用，那么你将会发现，下面的4种情况中至少有一种会发生在你身上：

1. 如果你一直就很喜欢推销，那你的收入将有很大的改观。

2. 如果以前干推销不能让你感到自豪，那么现在你会变得昂首挺胸、得意扬扬、蓄势待发。

3. 如果你没做过推销，那你要么将考虑进入这个行业，要么将重新审视自己的能力，并会发现自己能对周围世界产生巨大的影响。

4. 你会考虑去买一只狗！

在今天的商界，我们的评判标准就是看谁能使自己的服务、产品、商机或创意激发公众最大的兴趣，最高的热情，并得到公众最忠诚的支持。在现实生活中，有人赚到了大把的钞票，也有人在平庸中痛苦挣扎。

差别究竟在哪里？你怎么才能将他人的精力、承诺、时间和金钱都吸引到自己身边来，成为商战的胜者？

答案就在我们自身，就在我们的天赋和后天习得的技巧当中。只要我们具备最出色的才能，掌握了最有效的技巧去吸引他人、对他人产生影响，就能获得最佳的销售业绩，赚到最多的钱。

为了实现这一目标，我们首先要为大家破除一些误区。

误区一

要想取得理想的销售业绩，你必须成为一只凶猛的军犬。并不是每个人都能做销售，只有某些人才适合。

事实一

长久以来，开启销售大门的钥匙一直都被视为神圣的。数不清的图书、磁带和大师都自称掌握了销售和成功的秘诀。我们对销售进行解析、系统化、专业化和净化，结果却使我们远离了销售的本质，忽略了最简单的道理。

这个简单道理就是，要想取得成功的销售业绩，你不一定非要成为一只能穿越枪林弹雨的军犬。军犬只是众多销售狗中的一种而已，事实上，销售狗可以分为5个品种。如果你能认识到自己属于哪个品种，并把你与生俱来的本领发挥出来，那么问题就简化了，变成如何在最大程度上发挥你的潜质。如果你能更进一步，从其他品种的销售狗那里学习一些技巧，那你就能获得更大的成功。

例如，金毛猎狗是世界上最快乐、最友好、最讨人喜爱的狗——他会利用一切机会冲你摇尾巴，把你从头到脚舔个遍。但是，如果你胆敢冒犯他的主人——他就再也不那么友好了！金毛猎狗天生的本领是友好、可爱，但是经过训练，他也可以学会比特狗的本事。

我们每个人都有各自的特点，任何想把我们用一个固定的模子炼成特定的、完美的推销员的企图，从一开始就注定会失败。这种做法不会有任何好结果，只会让我们不开心，也无法取得成功。

误区二

我们常常被告知，必须全面发展，必须掌握一个销售人员应该掌握的所有技巧和本领。事实上这是不可能的，这样的人根本就不存在！一直以来，我们都要接受评估，然后被告知必须克服自己的缺点。我们常常被迫与自己的本性抗争，而这种争取完美的努力却是徒劳的。

事实二

成功的秘诀并不是全面发展。我们不需要对每一个人都应付得面面俱到，我们需要做的就是做回自己，清楚并接受自己是怎样一个人，然后利用这种认知把我们的能力转化成资本。

任何试图把劣势转化成优势的努力都是浪费时间！找到你能做好的事情，把自己的能力充分发挥出来，你就有足够的竞争力了！

我要告诉你，你完全可以做自己。

我要告诉你，你只要做自己，就可以从销售中赚得盆满钵满。

我要告诉你，我可以教你怎么做到这一点。

误区三

所有的销售人员都是嗜血成性的鲨鱼。

有的人（嘿，也许就包括你在内）在选择职业时，最不愿意选择的就是销售，甚至连见都不想见销售人员。在他们眼里，推销员还不如下水道修理工和核试验里的动物呢！

对于这些抱有类似想法的家伙来说，接受别人的推销已经让他们感到生不如死，更别提自己去做推销了。只要一提起销售，他们的眼前就会出现这样一个形象——一个叼着雪茄的懒鬼，诡计多端，整天挖空心思利用别人。

事实三

首先，如果你害怕别人会这么看你，或者你自己就有这样的想法，那你就很难做出超越常人的成绩。你对这个职业的畏惧和厌恶将影响你的工作成效。

推销员不过是信息的采集者和发布者，采集并发布人们所需的服务、产品和商机的信息。你要想做推销，首先必须转变对销售的看法。约翰·肯尼迪做过推销，马丁·路德·金做过推销，甘地做过推销，你的孩子们也在不停地做推销。迈克尔·戴尔、郭士纳、沃伦·巴菲特、温斯·伦巴迪、你的上司和你的父母都做过推销。这些人都曾经在关键时刻向大家提供了重要的信息，帮助人们在生产、能力以及个人发展上达到更高的水平。你选择的形象就是你自己。

误区四

我干了一辈子销售——没有什么是我不知道的。

事实四

我们今天生活的这个世界与我们昨天经历的世界、明天将要面对的世界都不尽相同。在历史上，没有哪个时期的变化如此迅速。昨天还管用的东西明天就未必有用了，所以成功的销售狗必须不断学习，走在变化的前面。

本书要传达的是一种思维方式，这种思维方式将使你具备一种必胜的心理与情绪优势。它教授的是技巧、技能和战略，这些必将提高你的推销能力。

只要能投入地去学习和成长，甚至连老销售狗都能重振雄风，具备相当的竞争力。所有的狗都能打猎——有的狗只是因为吃得太好或者锻炼太少，忘记了该怎么打猎而已。不能打猎的狗完全是自作自受，它们要么自我意识太强，要么缺乏学习的欲望，不愿意接受和掌握新的技能。这样的狗再也不能和街上那些小狗一争高下了。要想保持实力，就必须坚持学习。

误区五

我不在销售行业工作。

事实五

不管你是否把自己当成一名销售人员，销售课程都具有一种让人难以置信的价值。不管你想从生活中获取什么，销售知识都能帮你实现愿望。

我坚持认为每个人都在做销售。如果你已经结婚或正在谈恋爱，如果你已经为人父母，如果你是一个企业家，如果你是一名雇员，事实上，只要你有一种冲动，那你大多数时间就处于异常激烈的销售竞赛中。生活就是销售，而你的销售团队会随着你的变化而变化，这个团队里有哪些人完全取决于你正处于哪个生活阶段，以及正面临着怎样的危机或局面。

如果你在和别人合作，那么处理纠纷以及劝说他人就是家常便饭。同样，和你的老板、你的银行经理、你的兄弟姐妹、你的卖主或买主以及住在你隔壁的家伙打交道，都是销售过程的一部分。

不过，你能赢得的最重要的一份销售合同就是你和自己签下的那份。你是自己最苛刻的评论员、最难对付的客户，是对自己不断否决或提出异议的机器。可即便如此，你还是必须每天都努力说服自己，向自己推销。

销售中所蕴涵的技巧可能是对人们生活影响最大的一种技巧，虽然它并不能给你展现未来的图景。我可以告诉大家，学习并掌握这些技巧为我编织了这一生的图景。我的婚姻、家庭、事业、朋友还有生活方式之所以有这么高的质量，完全是因为我学习并应用了从销售中领悟到的技巧。

这其中的绝大部分内容都不是从销售培训课程或高薪聘请的顾问那里学来的。它来自于我30年来不断的观察、理解和实践。你看这本书的次数越多，你的生活就会变得越轻松、越富有、越有价值。

本书对我们进行了一番既严肃又有些调侃意味的审视。每个人内心都有一只"狗"。每个人的内心也都有一件珍宝。本书试图教你同时认识到这两者的存在。

本书很幽默，它针对个人发展提供了一种出色的培训，并讲授了许多具有突破性的技巧，目的就是让你成为自己理想中的成功人士，让你为自己和他人的利益服务。你提供的服务越多，得到的回报也就越多。

本书会使任何一种销售都变得简单起来。你将学会认识自己，知道自己属于哪种销售狗，这样你就可以把自己的才智"兑换"成现金。本书还将教你从其他品种的销售狗那里学会最好的销售、心理和情绪管理方面的技巧。这样你就能提高自己的本领，成为销售领域的领军人物。

本书还为你提供了一种方法，帮助你发现自己的强项，并将它转化成资本。

销售是一段真正意义上的个人发展旅程。你所学的所有与销售、人、展示、营销、处理异议有关的技巧都将往你的口袋里装现金。每天你都在学着了解你究竟是谁,你到底是怎样一个人。

这是怎样的一种探险啊!

一只真正的销售狗知道,热情、充满活力和出色的培训能给人带来满足感,带来金钱!本书是你拥有的个人培训项目,它将伴你走向一种更富有、更快乐、更幸福的生活。你读的越多,推销出去的就越多,而得到的乐趣也就越多。

走,让我们打猎去。

提示

虽然本书中有的章节好像是专门针对销售经理的,但实际上,本书的内容是面对所有的销售人员的。它将帮助你——一名销售人员——确定自己的品种,了解自己的强项,具备很强的洞察力,最大限度地抑制自己的弱点。如果你是一名销售经理,它将帮助你认清你手下的销售狗都属于什么品种,这样你就能派遣合适的狗去对付相应的猎物了!这其中的见解对销售人员和销售经理来说,都同样有效。

最好的销售狗会尽一切可能去学习如何激励自己、激励他人。

我还想郑重声明,我不能保证本书提到的狗的个体习性和思维方式都准确无误。我不是一个研究狗的动物专家,这本书也不是关于狗的科学研究著作,它只是基于我对狗的并不专业的认识和我对成千上万名销售人员的接触。如果你是一个研究狗的专家、一个爱狗的人或者爱追究细节的人,请不要因为本书的内容不够精准而大光其火。本书的目的是帮助你学习、寻找乐趣,使你成为你本该成为的优秀人物。

第1章
你是一只销售狗吗

时间到了!

答案就要揭晓了。一连几个月辛苦的工作、等待、期盼和猜测在短短几分钟之后就要有一个结果了。

你生活在一个黑白分明的奇异世界。在这里,亚军得不到任何奖品。这是一场要么皆大欢喜、要么全盘皆输的游戏,胜者为王、败者为寇。虽然我们的行业术语既复杂又精细,但实际上真正有分量的只有两个词——"行"与"不行"。

在等待最终答案的时刻,你的脑子里不禁回想起这几个月里所发生的一切……这一切开始于3个月前的一天,在一个拥挤的电梯里,你的朋友递给你一张小纸片,上面写着一个人名和一个电话号码。"给他们打个电话,"你的朋友说,"我想他们可能会感兴趣的。"

于是,游戏开始了……

你开始了初次联络——冲破超级难缠的私人助理这道防线,最终联系到了你要找的决策人。接下来是一次次的会谈,无数封的电子邮件。在一次关键性的电话会议中,终于出现了转折点,你引起了他们的兴趣,现在只差最后一步了。

很快就要作最后陈述了。你调查过你的竞争对手,如果不出意外的话,你知道这笔生意就是你的了。在陈述过程中,你处于最佳状态，你的举止很稳健，你的言辞有理有力。在灯光柔和的会议厅里，你一边陈述，一边配以优雅得体的肢体语言，你通过精心雕琢的演讲让在座的人充分理解了你的观点。一切都完美无缺，直到你要面对"提问"的那一刻。

你的同事听到"提问"时几乎都倒吸一口凉气，不过你站得笔直，用你那招牌式的镇定自若的风格对答如流。问题很刁钻，但是你已经做了精心的准备与演练。在座的人没有一个能看出你心里正在犯嘀咕。

或者他们看出了什么破绽？你刚才是不是不应该这样回答？

这些假设、但是和也许都是事后诸葛亮，当你在那里等待"陪审团"宣布最后裁决时，脑子里就一直在追悔之前自认为表现不佳的地方。现在，你没有说话的机会了，你不能再补充了，只能焦虑不安地等待。你所有的努力都要看在这栋曼哈顿摩天大楼的 30 层、在身后这道紧闭的会议室大门里刚刚完成的这场讨论。

你看着挂钟，看着秒针在滴答转动。你几乎能感受到现在那边正在举手表决。表决统计完毕，结果出来了。

电话铃声让你从思绪中惊醒过来。你冲过去听最后的结果，匆忙中差点撞到桌子上——你太想知道答案了，这种煎熬比被拒绝还让你无法忍受！就在这时，你设法让自己平静下来，集中精神，恢复了冷静的表情，做了一次深呼吸："嘿，如果我拿到了，那很好；如果没拿到，大不了明天从头再来。"铃声响过多次之后，你才拿起听筒，尽最大努力用一种愉快的声音说："你好。"

这样的情景是不是很熟悉？应该是的。我们都有过这样的经历。

这是战斗中的生活。这是一场不间断的、让人没有喘息余地的角逐。在一次次胜利中间夹杂着许多次失败和拒绝，在喜悦、期待、得意与兴奋之中往往夹杂着恐惧、拒绝和失望。前一分钟你可能还觉得自己高大无比、刀枪不入，可转眼之间，你又觉得自己像个呆头呆脑的傻瓜！但是，正是这种角逐中的刺激有一种说不清、道不明的吸引力，一次次把我们拉回到游戏中来。

许多推销员私底下常说，销售行业的生活简直就是"狗一样的生活"。不过在这种嘲讽中却隐藏着你可能想不到的真理。作为销售人员，我们和那些犬科朋友确实有许多相似之处。

比如，你是否观察过狗追木棍的情形？

你拾起一根木棍，把它扔到茂密绿草地的另一端。你的狗会立即冲出去，伸着舌头、淌着口水、扑扇着耳朵，飞身掠过一簇簇雏菊和喇叭花，全身的肌肉都绷得紧紧的，不顾一切地去追逐那根木棍。狗嘴咧得大大的，仿佛是在开心地大笑，它兴奋无比，这一刻对它来说简直就像置身于天堂。所有出门前的烦琐准备，所有的恳求和讨好，所有前往公园的劳累都值了——这只狗的生活乐趣就在于追逐木棍！

你有没有问过自己："是什么让狗如此热爱追逐木棍的游戏？"

你有没有问过自己："我为什么要不断地追逐订单？"

如果你观察过狗是怎么不停地恳求人扔一个球或是一根木棍让它追的，你就会明白推销员和狗之间都有哪些相似之处。狗会一次次地把沾满口水的木棍叼到不相干的人脚下。它用自己的方式洞察到，这个人最终肯定会把棍子拿起来，给它扔出去。虽然很多时候它被置之不理，或被拒绝，可是下一次它仍会以同样的热情和期待提出同样的要求。

孩子们也是一样。

我的儿子本杰明一旦想要做什么事情，也是这种劲头。

"爸爸，你来和我玩好吗？"

"好的，本，等我把这个打完了就和你玩。"

"爸爸，你现在可以和我玩了吗？"

"好的，本，我说过就一分钟。"

"爸爸，一分钟还没到吗？"

如果你曾经请求过一个人，曾经试图劝说过一个人，曾经和一个人谈判，曾经操纵甚至控制一个人的想法，那么你就做过推销。事实上，如果你真的喜欢那种情形下胜券在握的感觉，那你可能和我们的犬科朋友有意想不到的相似之处，没准你还能从它身上学到很多东西呢。你很可能就是我所说的"销售狗"。

事实是，销售狗的生活是一种了不起的生活。

世界冠军级销售狗都是我们这个时代里最受人尊敬、薪水最高、最受追捧的企业英才。没有销售狗，企业就无法生存；没有出色的销售狗，企业就不会欣欣向荣。几乎所有不同凡响的企业领导人、成功的企业家和优秀的投资家都把他们的成功归结于他们所接受过的销售培训和他们获得的销售经验。

能以热情、智慧和技巧获取或猎取自己的目标，是一种独特的、宝贵的才能。毫无疑问，你对推销、游说或谈判越是内行，就越容易敲开财富、人际关系和机遇的大门。

你得到的回报是大量的现金提成、不断扩展的人际网络、各种各样的赞美与荣誉、自由自在无拘无束的生活方式。不管你是谦恭安静的，还是善于沟通、热情洋溢的，或是很有手段和智慧的，也不管你是做公司销售，还是做网络营销，或者是做房地产、保险、零售等独立营销的，总之，上面提到的一切都将成为你做推销的回报。

成功的关键不是努力去复制别人的特殊方式，而是去学习如何发掘自己的独特潜质。所以，首先，你必须要认清自己的品种。在接下来的几个章节中，我们将对每一种狗的特点进行重点介绍。

当你知道了自己属于哪一种销售狗之后，你就可以大把大把赚钱，过自己想过的生活。你要了解自己天生的强项，这样你就能利用它们为自己赢得有利的结果。你还要看到自己天生的薄弱环节，学会如何去规避这些弱点，或者想办法弥补弱点，这样你就能在生活的各个方面都得到"行"的答复。如果你决心去学习出色的销售狗所掌握的本事，你就能拥有你渴望拥有的一切财富。

由于销售是一个团体项目，所以你一定要知道你的合作伙伴都有什么本领，都属于什么品种，这决定着你是否能取得成功。任何一个和你的目标客户有关联的人都是你团队中的一员。不管你是一名销售经理还是销售团队中的普通一员，能确定同事的品种对你来说都有着非同寻常的意义。

你将明白如何理解你周围的人，如何把这种认识转变成惊人的成果。

注意：不是所有人都是一只狗！我说的不是猫，不是马，也不是小鸟。如果你是一只狗，就要会打猎。至于别的动物，我就不得而知了。在你的内心深处，是否感受到了一点犬科的冲动？

你还不确定自己是不是一只销售狗吗？来看看下面这些问题：

- 当目标客户对你说"行"的时候，你会感到激动吗？
- 有时候"打猎"的过程是不是比"猎物"带来的感觉更好？
- 你会放弃一点提成来换取名声、赞美和认可吗？
- 你是否生来就有一种坚持不懈的性情？
- 你听到一个好故事时会被打动吗？
- 你有一种试图说服他人的倾向吗？
- 在和一群人谈论一个感兴趣的话题时，你会发现自己的声音变高了，情绪也变激动了吗？
- 你会时而把自己看成是传奇人物，时而又把自己视为呆头呆脑的傻瓜吗？
- 有时候，你会觉得受人瞩目是一种乐趣吗？
- 你会花时间试图弄清楚别人的心思吗？
- 你爱赢吗？

如果你对上述一部分问题给出的答案是"是",那你可能就是一只热诚的销售狗,有赚大钱的潜力。你要做的不过是了解自己所属的品种,学习其他品种的优点,然后依照那个一目了然、却很有效的模式采取行动,而这个模式的缔造者就是眼下正躺在你厨房一角的那只心满意足的狗。

所有的狗都有能力去打猎、推销和赢得胜利,但是实际上有的做得到,有的则做不到。让我们来学习一下怎样才能"追到木棍"吧,你准备好了吗?

让我给你们讲一个冠军级销售狗的故事。没有魔法,没有机关,而且他推销的服务项目在竞争中也没有特别能打动人的地方。只不过,他是一只销售狗。

多年前,他在得克萨斯的奥斯汀推销医疗保险。他把自己的目标客户定位为新成立的企业,这些企业需要为员工购买医疗保险。他偶然看到了一间小办公室,从外面可以看到房间里面有十几个人正在忙忙碌碌、跑来跑去地组装电脑。办公室的桌子上堆满了线路板和各种机箱。他提出要见主管,于是有人把他带到了一个20多岁的年轻人面前,这个年轻人当时正坐在一张桌子后工作。他了解到这个年轻人刚刚从得克萨斯大学毕业,决心建立自己的公司,专门组装个人电脑。我的朋友——也就是这只销售狗——预感到这个年轻人构想的公司会有一番大作为。问题在于,这只销售狗服务的保险公司规定,不接纳雇员少于50人的公司作为投保对象,而这位年轻的个人电脑业务新秀只有16名雇员。对我的朋友来说,真正的销售战打响了。他找到自己的经理和有关部门,找了他能找的所有人,尽力破除这个政策上的限制。他的老板说"不",但是对一只真正的销售狗来说,这意味着"冲"!经过一番猛烈的推销攻势,并对一些规定进行调整后,他终于拿下了这家企业的保单。不到一年的时间,这家只有16名雇员的小公司就发展成为拥有500名雇员的大企业！而当时在桌子后面工作的那个年轻人就是迈克尔·戴尔，如今他的公司已经成了一个传奇。

这是一个非常有价值的经验：要成为一只了不起的销售狗，你有时候就必须跳过栏杆去争取目标。你必须愿意改变规则，牺牲一些不可侵犯的规则来换取最好的交易。许多时候这意味着最艰难的推销就是向自己的团队或公司推销自己的观点。如果这对所有人都有利，而且是合情合理又合法的，那么就不要在听到第一声"不"时畏缩不前。

不过这个故事最精彩的部分在于，在戴尔公司发展成一家拥有500名雇员的大公司后不久，我这个朋友便败在另一家大保险公司的手里，丢掉了戴尔的业务。就在丢掉这笔业务的当天，他又重新开始了另一轮的推销。因为一只真正的销售狗从不轻言放弃。他似乎已经不可能再约见戴尔公司的任何人，或者引起戴尔公司任何人的重视了。于是他扮起了侦探，开始疯狂地侦察和搜索。在一份戴尔公司的年度报告中，他找到了一个人名，这个人是戴尔公司的董事会成员，同时也是他所在保险公司的一名高级经理。我的朋友打电话给公司总部，让他们找出这个经理的联系方式。我的朋友打了许多电话，写了许多信，作了许多尝试，终于让这个经理同意向戴尔公司负责购买医疗保险的人推荐他。他拿下这笔业务了吗？没有。戴尔公司负责此事的家伙说，他对现状很满意，对更换保险公司根本不感兴趣。于是，我们的销售狗朋友就开始致力于打造和这个人的长期个人关系。他邀请这个人参加公益活动，观看体育赛事，并且为这个人提供最新的信息——这些信息并不是为他自己的公司搞推销，而是为了帮助戴尔公司的这个人，让这个人及时了解一家发展中的企业对保险都有哪些最新的需求。他与这个人频繁联系，为今后的机遇打下了基础。意见一致、意见一致又是意见一致，通过服务、服务、更多的服务，他和这个人建立了一种真正紧密的联系。终于有一天，竞争对手支撑不住了。一个电话，几句交谈，我们的销售狗和他的公司又赢了戴尔公司的保险公司。而此时，戴尔已经拥有1500名雇员了。

当我的朋友离开原来的职位，到另一家医疗保险公司做销售与营销主管时，戴尔的雇员已经达到了1.5万名。（提成相当可观！）

我的朋友最终学会了如何叼回猎物。他说："我再也不会弄丢这份订单了。我确认自己已经在戴尔公司的每一个角落都撒了泡尿，确保这是我的领地。"他当然没有真的在那里撒尿，但是他确实在戴尔的每一个部门都建立了自己的同盟。他确保戴尔公司的关键人物都十分了解他们最新的医疗计划，确保一直有专门的人员去那里，让对方清楚地了解自己的利益，以及如何申请领取保险金，如何处理各种可能发生的问题等。这一切都处理得井井有条。

我这个朋友叫赫尔曼，他目前在医疗保险业的地位如日中天。我问他能否把他获得的经验总结一下，他笑着说：

1. "有时候你必须打破常规。"当公司说他不能向一个雇员还不到50人的小公司推销时，这才是真正推销的开始。如果你要去为客户服务，就必须采取正确的行动！

2. "不存在联系不上的问题。"总有一个人会认识那个能把你领进门的人。如果你肯花几个小时打打电话，那么世界上就没有一个人是你真的无法通过什么人来取得联系的。看看年度报告、期刊、文章目录、因特网，作好市场调查！

3. "竞争对手的最大弱点就暴露在他们签下协议的那一天。"他知道自己丢掉这笔业务的那一刻就是他的竞争对手最得意的一刻。他们不知道他的目标，也不知道他是如何通过频繁的联络、提供信息和服务对客户进行渗透的。当你丢掉一笔业务时，这只意味着新一轮游戏又开始了。

第2章
干吗管人叫销售狗

人们常说什么人养什么狗。据称,只要到公园里遛一圈,看看那些狗和它们的主人,就很清楚这一点了。如果和这些很尽职的狗主人聊上几句,你就会发现他们和他们养的狗有很多相似之处,牛头犬的主人和牛头犬一样耷拉着下巴,而京巴和它的主人鼻子都翘翘的,而且他们之间的相似点远远不止这些。

我不敢肯定究竟是狗染上了主人的品性,还是主人沾上了狗的习气,可能他们各自身上都有某些"动物性"吸引着对方。好比那些爱发号施令的家伙就特别能吸引勇猛的短毛杜宾犬[①],而让人一见就想抱抱的可爱的金毛猎狗就格外受那些老好人的喜爱。不管怎么说吧,我敢肯定在世界的某个地方,一定有一群动物行为学家和人类行为学家正在狂热地搜集事实证据,以证明上述结论的正确性。但实际上,原因并不十分重要。显然,你只要知道一只狗的品种,通常就可以对这只狗的习性了如指掌,因为每个品种的狗都有独特的性格特征。

如果推销员、销售经理、个体经营者、企业家或者网络营销人

---

① 杜宾犬,别名杜伯曼犬,一种德国短毛猎犬。这种狗勇猛机敏、忠实可靠、耐力强、戒心大,而且奔跑速度快,可作为军犬、警犬和猎犬,同时也可做观赏犬。

狗和主人天生一对

员对这些性格特征有所了解，就必定会挖到一大块纯金的骨头。如果你能了解狗的世界中的种种复杂情况，在猎取销售对象时也就能像一只好狗一样机敏与坚韧。

推销员和销售经理最爱犯的一个错误就是，自认为所有推销员都必须具备一套特定的性格特征才能取得成功。他们狂热而盲目地去追逐这个引领销售成功的圣训，结果往往却踏上了一条充满沮丧和嫉妒的坎坷道路。

虽然努力提升自我是一种高尚的、不可或缺的追求，但是试图模仿"完美推销员"的性格特征却只会徒劳无功，令人灰心丧气。相反，我们要学会从自身做起，认识并发展你心中潜在的"销售天才"。推销员和销售经理要确认并了解自己所属的品种，以及周围人所属的品种。有了这些知识，他们就可以对自己以及他人的潜力和性格进行发掘。通过这种方式，销售经理才能找到适合的猎犬去猎取适合的猎物。

比如，在赛狗会上，你绝对不会把钱押在一只圣伯纳德救护犬[①]身上。但是，如果你在大山上陷入困境，冻得要死——你最想见到的是谁？你必须把你自己，还有你所在销售团队的成员都放在整个销售链的恰当位置上，每个人都扮演自己天生就能胜任的角色。

许多人会觉得把推销员比做狗简直太无礼了，可我还是要说，任何一个知道如何沿街叫卖、推销产品赚大钱的人，在某种程度上来说，都是一只狗。推销员仿佛都有这样的品性，那就是不断地回过头来争取更多的生意，而且永远不向困难低头。

想想看——

[①] 圣伯纳德救护犬产于瑞士，体型强壮，毛厚，呈棕色或白色。最初为瑞士阿尔卑斯山圣伯纳德济贫院的僧侣驯养，用来寻找和营救迷路和冻倒在雪地中的人。

- 谁是人类最好的朋友?
- 你能拥有的最忠实的宠物是什么?
- 谁能一直保护你,死而后已?
- 哪一种动物能忍受所有的非难,只为你在它额头上轻轻一抚?
- 谁能守在你身边,与你同甘共苦?
- 在所有人都把你当成疯子的时候,是谁仍然注视着你,把你奉若神明?
- 是谁无条件地爱着你?
- 是谁那样酷爱追木棍的游戏?
- 是谁那样喜欢循着你的气味尾随而来?
- 是谁能不顾艰难、不断回过头来争取更多、更加努力?

你说得没错!不是狗,就是推销员!

我有一个朋友在悉尼开了一家猎头公司。(是的,他是一个猎头!)他和合伙人为了争取一家石化产品公司的大订单忙了好几个月。他们经过了投标和不断的展示,也作出了很多让步和调整。虽然他们被拒绝过很多次,听到人家让他们"走开",但是他们做事时有一种真正的澳大利亚风格,绝对不会不战而退。

有时候就连运气也和他们作对,即便如此,他们依旧勇往直前。在给这家公司的首席执行官作陈述时,他们中的一个人正在一张活动挂图前边演示边讲解,正讲到最关键的地方,挂图的一根支架腿突然散了。在挂图倒下时,我那位朋友正在讲解,由于他当时就靠在挂图上,结果也跟着倒下去了。然而他表现得非常镇定自若,自始至终都没有停下来,哪怕已经躺在了地上,他还紧紧抓着挂图继续滔滔不绝。他的字典中没有"放弃"这个词。他就像一只固执的狗,不愿意被推搡到一边,不愿意被人踢开,不愿意放弃那根木棍。

我的另一个朋友和那位首席执行官笑得都喘不过气了,根本没

听到他那充满激情的演讲。可能是他的坚韧或是这滑稽的一幕打破了僵局,不管怎样,当他最终站起来时,那位首席执行官说:"好了,好了,如果你真的想得到这份订单的话,那我告诉你,你已经得到了!"

很简单:推销就是说服他人采取行动,去做一件他们起先并不十分积极去做的事情。可以说,做领导、做父母、去激励他人和与别人谈判实际上也是同样的道理。这些行为都需要同样的推销技巧。

狗可以成为了不起的冠军、猎人和伙伴,然而,尽管狗如此忠诚和机敏,它们仍然需要你的爱护。如果你不能及时地给它们喂食、洗澡或经常爱抚它们,它们就会变得顽劣、蛮横,在你离开家后甚至会把你的房间弄个底朝天。如果推销员没有得到适当的培训,也会如此。

最近这些年我的工作安排得非常紧张,所以才不得不克制养狗的欲望。因为这样的生活对狗有些不公平。然而在这本书写到一半的时候,我4岁的儿子最终说服我养了一只狗。这些年我一直在尽力指导一群推销员，我要是在这之前养一只狗就好了！对这两者的培训几乎是一模一样的！

狗如果接受了正规的培训，就可以无比精确地猎取猎物。不过，在它们被训练出来以前，你需要准备一根拴狗带，耐心十足，并且买一双塑胶手套和一把小铲子，跟在它们后面清理粪便。即使是很好的狗，起初也会把周围弄得一团糟。它们最初的热情很难管束，但是只要管理得恰到好处，这种热情就能创造出色的销售业绩和提成收入。

销售狗这个概念提供了一条独特的思路，它能让你认识不同类别的推销员。虽然它是一种培训理念，设计意图是增加娱乐性，把道理讲得浅显易懂，但是这背后的概念却非常有影响力，是我在多年观察研究的基础上总结出来的。

我通过调查研究发现，销售狗主要可以分为5个品种，此外还有无数的混种狗。我们可以拿推销员的性格特征与这5个品种的狗的性格特征作对比。这是一个有效又快速的学习方法，通过这个方法，我们可以更加理解我们的销售团队，并使这个团队得到进一步的发展，对成员进行更有效的激励。

一只真正的销售狗知道，教育和良好的培训意味着客户满意加现金提成。作为一只销售狗，你必须一直寻找机会，为自己争取最好的培训，而不是最高的提成！很多刚出道的小狗都追错了骨头。

我曾经就职于优利系统公司[①]，就是因为他们的培训在这个行业中是最好的。我有许多朋友去了施乐、IBM、安利之类的公司，同样也是因为这些公司能提供当时最好的培训。如今，他们都有了自己的公司，资产达到上百万美元。只要你得到了正确的教育，不管你走到哪里，都能挣到钱。

---

① 优利系统公司，美国大型计算机厂商之一。

你很快就能学会如何确定自己是哪个品种的狗，你领头的狗窝里还有哪些品种的狗，以及如何对那些狗进行培训，从而使他们发挥最大的优势。

第一步就是确定你和你所在团队的成员具备哪些销售天赋。为了节约宝贵的推销时间，节省培训资源，以及避免双方的失望，你可以利用销售狗智能测试中的一些工具来预测你和你的同类的成功前景，在第一天训练服从性之前就做到心中有数。这些测试能判断出你是否有正确的思维方式，能否取得销售上的成功。我们随后再详细探讨这个问题。

如果你的思维方式是错误的，那该怎么办呢？和发现这些错误一样，你可以用同样的速度改正它！10分钟的训练就可以决定你是否有能力做推销。你只要带着5种技巧和4个关键的思维方式，就可以走上成功的推销之路了，而且很快就能发家致富。

好在几乎所有的狗都能去打猎，整个过程和程序也很简单，还能给机敏的狗和它的教练带来数不尽的钞票。

对那些觉得拿自己和狗作比较有辱身份的人，我要说，这样的对比纯粹是一种赞美！你时而是一名斗士，时而是一个爱人，时而顽皮，时而沉静。你生活在边缘地带，根本没有时间可以浪费。（虽然你可能会浪费时间！）你永远不会看到两只狗在交换电话号码——他们只为此刻而活！

销售充满乐趣，节奏快，够刺激。想想看吧，一些推销员长得像狗，行为举止也像狗，有时候出去了一个晚上之后，他们甚至闻起来都像狗。有的推销员在跟踪一个目标客户时就像个了不起的猎手，有的甚至能把最难捕捉的猎物引诱出来并稳住。

那你到底是什么样的狗呢？

第3章
识别狗的品种

只要有销售行为的地方，就可以运用销售狗的理念。我们每天、甚至每个小时都在向我们的老板、邻居以及那些和我们发生联系的人不停地推销。"给我加薪吧？""今晚我们看什么电视？"这些问题都是在进行推销，随时随地都会发生。

世界上有400多种不同品种的狗，而在销售行业中只有5种狗。问题是，你属于哪一种？你的老板属于哪一种？如果你是一名驯狗师（经理），你窝里的狗有哪些品种？如果你是一名销售经理，在你的下属中哪一种吠声最高呢？

除了这些，还有一个问题，和你结婚的那位究竟是哪种销售狗呢？知道了这个问题的答案，你就能了解如何让事情变得更有利，就能找到人生幸福的钥匙！

一旦你能够确认人们分别是属于哪个品种的销售狗，那推销游戏就变得太简单了，而察言观色、见机行事的本事也就成了你的第二本能。知道自己是哪种销售狗能让你立即发挥出自己的潜力，达成更多的交易。另外，它还会指引你，赋予你智慧，告诉你如何进入销售圈，更能带给你一种平和的心态，因为它会让你很清楚地认识到，不用改变自己就可以达到事业的巅峰！

你将看到自己在领导他人、争取目标客户、作陈述和达成交易等诸多方面的改进。你要学的不是"最好的方式",而是"对你这类人而言最好的方式"。你还可以避免走进"推销的黑巷子",不会陷入陌生的境地,不会处于被动的局面。你会对周围的情况了如指掌,并总是走在对你而言最平坦的道路上。

作为一只销售狗或是一名驯狗师,认清你的目标客户属于哪个品种,将赋予你特殊的优势。在打猎的过程中,狗面对的猎物可以是鸭子、麻雀、熊、飞盘和羽毛球。对销售狗来说,他们的猎物可以是大公司、个体经营者、下一级分销商以及高级主管和决策人的私人助理。不同的狗会吸引不同的目标,而把销售狗派出去做最适合他的工作,将是你取得成功的关键。

要捕获狂怒的公牛,观赏狗显然不是理想的选择。而张牙舞爪、口水乱喷的猎犬会把家庭主妇们吓得魂飞魄散。你的目标是什么,你与生俱来的风格又是怎样的呢?

身为销售狗,有时候你对种群的选择非常有限,完全要看哪些种群愿意接受你!许多销售狗都是在做出一番贡献,尽了一番职责,有时候甚至经过了一番筛选后才来到了自己的种群。有的是被人从流浪狗收容所中解救出来,带到种群来的,因为人们不忍心看到笼子里那只孤独的狗流露出的悲哀、乞求的目光。

大部分驯狗师最初面对的都是一个单一的种群。他们认养了一群销售狗(或许有人会说是被骗进来的)。几乎没有人能享受到亲自招兵买马的乐趣(或者也没有这个耐心),白手起家来建设整个销售团队。

一只销售狗在被雇用之前很少需要接受调查、测试、面试和评估,即使他们有过这种难得的经历,其结果也未必能说明什么问题。有的销售狗就是擅长做测试题目,擅长在评委面前作秀。单看他们在面试中的表现,你会以为自己找到了一只能征善战的猎犬,但到了拉出去真刀真枪地操练时,你才会意识到你得到的不过是一只没用的衰狗。

你第一次走进来的时候，不妨观察一下院子里四处游荡的销售狗。你会发现这些狗当中有的自得其乐，也有的痛苦不堪——正苦苦等待着能有人扔过来一根骨头。其中有相当一部分的销售狗会蜷缩在角落里，等着天上掉馅饼。还有的会公然黏着你，乞求你抚摸一下他们的脑袋，再给他们一次机会。

不管怎样，你要想有所作为，不必非得清理门户。你只要了解各种销售狗的特性，就可以让手下这支团队的狩猎能力实现质的飞跃。是的，你甚至可以让那只似乎已经丧失了嗅觉的老巴吉度猎狗重振神威，变成一只纯种狗。

虽然每一种纯种销售狗都有其独特的一面，但是他们确实也有某些相似之处。他们中的大多数都是人类的好伙伴，每一只销售狗都有自己特殊的本领，能让人觉得和他们相处非常愉快。有的销售狗之所以招人喜欢，是因为和他们在一起会让你觉得很放松，而有的则是因为他们的精力极其旺盛，不知疲倦。有时候销售狗会惹人讨厌，当他们对着月亮大声嚎叫表示得意、悲哀或渴望时，尤其让人反感。好在，你只要轻轻地扔过去一只鞋子，问题就可以摆平了！

销售狗都有很出色的交友能力。在这个世界上，几乎没有什么人是他们不愿意见到的，不过这可不包括其他的销售狗（这牵涉到领地问题）。犬类天生的敏锐嗅觉能让他们在普通人想都想不到的地方找到生意。他们会追踪，会闻，会舔，会跑，会叫，会哀嚎，会大叫，还会恳求。他们还能在你需要的时候成为你最忠实的朋友。

在销售狗的世界里只有5种纯种狗——比特狗、金毛猎狗、狮子狗、吉娃娃和巴吉度猎狗。

除此之外还有一大批混种狗。你属于哪一个品种呢？接着读下去，看看每种销售狗都有着怎样的性格特征。

比特狗

> 比特狗，美国大型军犬，多用于警备或军事战斗，也有人将其训练为护卫犬。具有惊人的攻击力，一般不宜家庭驯养。

最好斗、最像大家印象中的推销员的就是比特狗。是的，你很了解他们：任何事物只要成了他们的潜在目标，都会立刻遭到他们的攻击。他们的攻击无比凶猛，他们勇往直前、坚韧不拔，让人又敬又畏。他们会牢牢咬住你的裤腿，绝不松口。整个过程从头到尾都成了一场咆哮的恶战，水枪、棍棒甚至催泪瓦斯都不能让他在目标面前有一丁点的畏缩。

如果要描述这种销售狗的独特叫声，你可以联想这样一个场景：在你半夜回家的路上，周围是一条条通往城市纵深处的幽暗、肮脏的小巷。这时从黑暗中传来一种低沉、凶恶的"咕噜噜噜"声，回荡在垃圾箱四周。你突然瞥到了一双黄色的眼睛，专注而凶狠，那是进攻之前的蓄势待发。这就是比特狗，而你，是他的晚餐！

我有一个朋友叫约翰，住在加拿大。他所在的地区是商用机器销售竞争几乎白热化的一个战场。多年前，我们驾车行驶在多伦多城外，途中经过一个刚刚被龙卷风袭击过的小镇。房屋都被撕成了碎片，汽车和卡车像玩具一样翻在路边，树木断裂成一截一截的，一眼望去到处都是残垣断壁。我当时真为那些可怜的灾民感到难过，而约翰当时正在开车，他皮笑肉不笑地低声说道："看见了吗？凡是对我说'不'的人最后都是这样的下场！"他正是一只比特狗。

如果一只比特狗身上带着一部手机（这部手机经常不是丢了就是没电），那它唯一的用途就是保证他驾车从 A 地赶到 B 地的过程中和尽可能多的猎物取得联系。

你必须不停地把肉扔给比特狗，但是没必要请他们吃排骨！拿着排骨在他们眼前不停晃动，接着鞭打他们直到他们狂怒，然后再把他们扔到市场上去。他们肯定会有所收获的。不过，有一点可以肯定，你会从惊恐万分的目标客户和邻居，甚至有关当局那里接到很多电话，要你管好这只猛兽，让他接受法律的制裁。不要派他们去参加鸡尾酒会，除非给他们戴上笼套、套上紧箍圈，再备好镇静剂。再想想，不如把他们派到酒馆去，但是一定别让他们去鸡尾酒会。在训练比特狗的时候，有两样工具必不可少——一块生肉和一把电击枪。

比特狗的成功完全来自于他的力量和无畏的精神。他会打很多推销电话，直面很多的闭门羹，然后不断地推销更多的产品。任何一种销售狗都无法和他相比，甚至在应该鸣金收兵的时候，他还仍然英勇备战。困难对他而言不过是一通激发热情的警铃。对这个冠军销售狗来说，处理闭门羹简直是小菜一碟。

不过，你要小心看护他们的领地。他们虽然颇具攻击性，但是很可能缺乏技巧和谋略。比特狗要么非常富有，要么非常潦倒，而关键就在于是否受过培训。

金毛猎狗

> 金毛猎狗，是天生具备捕猎能力、擅长于追踪并有敏锐嗅觉的犬种。表情友善、个性热情，尤其善于在困苦环境中工作。

下一种销售狗就是人见人爱的金毛猎狗。这些热情友好、含情脉脉、毛茸茸的可爱的家伙可以为宠爱他们的人做任何事情。他们可以跳进冰冷的河里去追逐腐烂的木棍，也可以为你儿子的垒球队打中锋，广告上甚至还说他们可以从冰箱里给你拿一瓶啤酒来。

　　他们就是毕恭毕敬地坐在那里、满脸堆笑、时刻恭候着客户的一声吩咐的推销员。他们可以永远保持乐观的姿态坐在那里，等待电话铃声响起，期望客户仍然偏爱自己。他们赢得客户的办法就是：不管客户扔过来的是什么，都马上跑去追。

　　他们可以把客户扔出去的所有的球都捡回来，可以帮客户做任何事情，还可以打个后滚翻来取悦客户。如果你一开口就说他们在"推销"之类的话，他们会觉得受了冒犯。对金毛猎狗来说，客户服务才是一切。他们行为背后的信念就是：你给客户的越多，客户就越喜爱你，从你这里购买的商品或服务也就会越多。事实上，他们是在乞求，乞求得到为顾客服务的机会。

　　我有一个非常好的朋友在丹佛卖房地产。她是一个非常聪明的推销员——敏锐、坦诚、战无不胜。我问她成为了不起的推销员的诀窍是什么，她就在我面前进行了一次即兴表演。她转过头来，用棕色的、水汪汪的大眼睛看着我，说话的语气也非常温柔平缓。她的声音让我一下联想到金毛猎狗冲着你仰着头喃喃细语、乞求你爱抚时的那种声音。她说得很简单:"客户要什么,你就给什么!"

比特狗那种"锁定目标,然后彻底摧毁"的战略让她十分吃惊。她坚信,只要对客户足够好,尽一切力量满足他们的需求,那么你的电话铃声就会响个不停。她甚至无法想象还有其他的销售方式,也不认为自己应该去考虑其他的方式——这个方式就很管用!

金毛猎狗的手机总是开着,一天24小时不关机,电池也充得满满的。他们甚至还会准备几个备用电池,也充好电放在身边以防万一。在金毛猎狗看来,如果客户在有需要时联系不上他们,那么他们绝对无法原谅自己。

金毛猎狗是通过提供优质的客户服务进行推销的。(不过要时时提醒他们,让他们记得自己的真正目的是卖东西!)聪明的金毛猎狗都很成功,因为他们知道,只要一直照顾好目标客户和老客户,以及自己销售团队的成员,那他们就会赚到大把大把的钱。他们对长期服务的重视为他们的成功奠定了基础。

狮子狗

> 狮子狗聪明灵秀,外形优雅高贵,性情乖巧,是一种优秀的伴侣犬。此外,它听觉敏锐、智商高、方位概念强、易于训练,被誉为马戏团的"天才演员"。

在更复杂的销售层面上盘踞着狮子狗。他们智商极高,非常敏感,对保持出众的外表和形象十分内行。

这些推销员只允许自己生活在一个现代的、有品位的世界里,不管这所谓的现代与品位是出于他们对客观现实的洞察,还是完全出自于他们自己的主观臆测。他们评价书的时候以封面来论好坏,判断目标客户价值的时候则以对方开的车来论贵贱。他们在购物广场花的时间比在办公桌前花的时间还要多。

他们身穿意大利名牌套装，脚蹬黑色软皮鞋或细高跟鞋，打着200美元一条的领带或戴着昂贵的珠宝，开的车也都是泊车服务员非常乐意为之停靠的高级车。

虽然他们并非总能负担得起这样奢华的生活，但是他们把所有这些包装都视为生意场上必不可少的投资。狮子狗宁愿打电话请病假，也不愿意挤公交上班，或在发型糟糕的情况下外出。

狮子狗走起路来总是昂首阔步。其他的狗在巡视领地时要么脚步沉重，要么蹦蹦跳跳，要么左摇右摆，而狮子狗却总是昂首阔步，明亮的眼睛只需在你身上扫一眼，就能准确判断出你的品位。他们的消息灵通无比，在所有的销售狗中，他们的人际关系网可能是最广和最精的。他们知道每个人的身份和地位，也想让你知道他们的！

大部分狗总是乱吠，而狮子狗则言谈优雅，举止大方。在和其他销售狗或是目标客户的聚会上，你总能在干杯时高脚杯的叮当声中看到狮子狗殷勤地与人交谈着，言谈中必定会闪现出机敏、睿智的火花，其中不乏冷幽默。他们非常喜欢在公众面前谈天说地，喜欢成为众人关注的焦点。事实上，狮子狗的推销通常都具有这样的

华丽风格，就算有时他们的推销词没有任何实际的信息，听上去也能让人产生如梦如幻的感觉。

狮子狗精明圆滑，行色匆匆。最新潮的流行趋势、最新款的小配件、最火暴的派对都是狮子狗日常生活的一部分。如果一个目标客户很看重外表和第一印象，那狮子狗肯定能博得头彩。

这个品种的销售狗总是在不断寻找最简便的方式来与最多的人建立联系。狮子狗是市场营销领域的明星，他们的市场营销能力和超强的表达能力使他们赚得盆满钵满。

狮子狗非常擅长推销奢侈品，他们能够运用自己尊贵的气质给客户留下极其深刻的印象。只是千万别让他们去救一只落水的鸭子，别让他们跳入冰冷的河水，也别把他们派往肮脏街区的小巷子里！在更多"文明人"的圈子里，他们交际起来才能游刃有余。

狮子狗在接受培训时领悟能力非常棒，而且他们天生渴望能吸引众人的注意力，所以几个世纪以来，狮子狗一直是马戏团的宠儿。不管是在派对中还是在促膝闲谈时，狮子狗都是灵魂人物。他们高中毕业时就已经被冠上了"最具魅力"或"最受欢迎"的称号。他们当中的某些人甚至被认为是最有希望获得成功的人。

我在图森有个朋友。在全国各地的销售人员休养中心，你都可能会看到他的身影。他开着一辆保时捷911 Targa，在最靠近球场的地方给他最好的客户订位子，观看菲尼克斯太阳队的篮球赛。他穿着应季推出的新款杰尼亚套装，还声称有一大群女人在如痴如狂地追求他。（事实证明这完全是吹牛——狮子狗常常这样。）

虽然头天晚上一夜没合眼，而且还有几分醉意朦胧，可他还是能昂首阔步地走进分公司，言谈举止看上去无可挑剔。客户都很喜欢他，很愿意和他交往，他手头也从来不会缺少客户。他总是能同时处理上百个策划案，而这些策划会很巧妙地往他的窝里塞进大把大把的钞票。

这家伙自认为是传奇人物，自己说服别人的口才也相当好。有一次，在芝加哥的一次销售会议上，他说服我和他一起去镇上共度"难忘的一夜"。我心里明白得很，但还是去了。

那的确是难忘的一夜。我光在酒上就花出去好几张百元大钞，第二天早上差点就来不及赶回会场。我看上去失魂落魄，而他却好像是从电影中走出来的詹姆斯·邦德一样。如果他是007，那我只能是克鲁索检察官了。

狮子狗整天拿着手机，他们靠手机及时了解外面的风吹草动。另外，在狮子狗看来，耳边总是贴着一部手机是成功人士的一个重要标志。

吉娃娃

> 吉娃娃是全世界最小的狗，原产于墨西哥。忠诚、聪明、活泼、勇敢、好奇心重。

吉娃娃给销售狗的狗窝里平添了一道全新的风景。这种销售狗对销售作出的贡献绝对不可低估。不管怎样，你可不要因为他们的个头小而小看了他们。

这些销售狗通常精得出奇，也非常受主人的宠爱。他们就像魔术师一样，而且很可能也是所有销售狗中最有激情的一种。

你要特别注意，不要让吉娃娃销售狗过于兴奋，因为他们一旦失去控制，就会讲个没完，而且那尖尖的声音谁听多了都会头疼。这些销售狗看上去就像服用了太多的兴奋剂和咖啡因，仿佛一辆因失控而飞速前行的卡车。

吉娃娃常常会特别激动，原因很简单，他们的身体那么小，脑子里的想法却那么多。他们可不是那种只供玩赏的小狗，他们很

少蜷缩在人的腿上，舔人的技巧也不怎么高明，可是他们的激情、对产品的认识，以及对整个程序的理解都是其他销售狗望尘莫及的。

这些上了发条似的、超级活跃的家伙们在学习知识上不遗余力。看看他们那双大大的眼睛，你就会了解他们对调研是何等狂热。吉娃娃熬夜的本事是其他任何一种销售狗都比不上的。当狗窝中其他的狗都蜷着身子进入梦乡的时候，吉娃娃还在不停地浏览一个个网页，在一页页年度报告之间埋头搜索，整理出足够多的数据、资料和信息，以便在接待客户时应对自如。

其他品种的销售狗可能需要通过体育锻炼来保持健康，而吉娃娃需要的则是脑力锻炼。他们的脑力之强让人叹为观止。

顺便提一句，不要犯这样的错误——别让吉娃娃去处理一个他们很热衷的专题，因为他们会一直做下去，很难停下来。事实上，他们不会随便说说则已，而是会大喊大叫，豪情万丈地叫嚣着，一分钟就能冲出一里地去。客户别无他法，只能被吉娃娃令人难以置信的激情、广博的知识和一大堆无懈可击的资料、证据彻底打败。甚至有时候，他们连吉娃娃说的是什么都不知道就缴械投降了！

很多年前，在优利系统公司，我和一个名叫布莱恩的人成了朋友，他就是一只吉娃娃。只要你给他备好比萨饼和可乐之类的食物补给，他就能马不停蹄地做各种调研。当时我和他一起给一个客户准备电脑演示程序，这件事至今让我记忆犹新。我在晚上10点时停下了手中的活，溜回家了。而布莱恩却仍然劲头十足，他干了整整一夜，甚至还发现了程序中的几个新特点，连研发人员都不知道该程序还可以这样操作。

第二天上午在演示现场（我们开始之前，他只是到洗手间刷了刷牙），客户的技术助理看得眼花缭乱（他也是一只吉娃娃，一只戴着眼镜的吉娃娃)。布莱恩把比特、字节、随机存储器和技术上杂七杂八的武器一股脑儿地都用上了，集中火力猛攻。他讲解起来声音又响亮，速度又快，我和那个决策者都被他搞晕了，头都疼了。最后我们跑出去喝咖啡，留下那两只吉娃娃继续喋喋不休。两个小时过去了，他们还说个没完。这场疯狂的数据和技术知识交流的最终结果是，我们的吉娃娃给他们留下了足够深刻的印象，让他们对我们的能力充满信心。

比特狗可以很快地与客户建立最初的联系，狮子狗可以在一瞬间给客户留下完美的印象，而证明实力的任务则非吉娃娃莫属。

有一家公司是我所见过的最成功的海外房地产公司之一，公司的创始人就是一只吉娃娃，这一点他的员工都可以作证。他的智商绝对是出类拔萃的。他对市场的方方面面都了如指掌，而且还满含激情。在最近一次和500位代理商会晤的销售会议上，他走上讲台，准备做一个5分钟的简短介绍。然而30分钟过去了，他仍然在滔滔不绝，陶醉在激情之中，满屋子的人都听得目瞪口呆。

他气也不喘地一直讲，当他终于讲完时，屋子里静得连掉根针都能听得见。我不知道他都讲了些什么，因为他讲得太快、太激动了，但是我的情绪完全被调动起来了。他让人激情澎湃！

如果你的员工中有吉娃娃，那你可要小心了。他们非常聪明，但是如果你处理不当，他们有时会非常情绪化，变得很偏执（可能是咖啡因和缺乏睡眠的缘故）。在他们的字典里没有"世故"这个词。在其他的狗购买最新的体育器材或是赶时髦时，吉娃娃买的几乎总是最新的电子设备，比如一部无线手提电脑，这样他们就可以随时随地处理大量数据资料了。

我个人从来不喜欢搂着吉娃娃的感觉。但是我很尊重他们，并且很清楚，他们对复杂的销售行业来说，绝对是必不可少的一员大将。

巴吉度猎狗

> 巴吉度猎狗擅长追踪猎物及长途越野，拥有不急不躁的好脾气和惊人的耐力。善于服从指令，在团体狩猎行动中与同伴配合默契，热情友善的个性使它们在世界各地广受宠爱。

忠诚的老巴吉度猎狗是经典之中的经典。皱着眉头、耷拉着耳朵的巴吉度很少拒绝别人。

作为销售狗的巴吉度如果长相不像巴吉度，至少慢条斯理的性格和巴吉度十分相似。他的眼神会说话，也愿意和你同甘共苦。你可以试着赶他、骂他、打他，而他顶多是转个圈，默默地承受这一切。几分钟后，他畏缩着回来了，眼泪汪汪地看着你，乞求你的原谅。巴吉度从不会嫌你烦，从不会觉得你给了他太大压力。他们的感情恒久不变，非常可靠。

我如此戏谑巴吉度，是因为我觉得自己和这个品种的狗最接近。这种销售狗看上去没什么贵族气质，而且也很少表现得激情四射或自信满满，但是在所有的狗当中，他们单凭性格魅力和天生的友善就能与他人建立起牢固、忠诚、持久的人际关系。

这个品种的狗很少花费额外的精力去做事情。巴吉度猎狗不常叫，但是他们常常会发出呜呜的声音和号啕大哭的声音，在他们乞求时尤其如此，而这正是他们的特长！

不管巴吉度猎狗的年龄有多大，看上去都像中年人一样。锻炼对他们来说太消耗体力了，所以他们柔软的身体总是蜷缩在那里。他们在所有的狗当中是最不讲究穿着打扮的，因为他们既没有时间、也没有心思去关注流行趋势。

在他们的车里和办公桌上随处可见废弃物——旧名片和破旧的

皮带。这种销售狗总是在到处找骨头，但哪怕你赏赐他的只是一些掉在桌上的残渣剩饭，他也会非常开心。在推销的时候，他们会表现出一种天生的卑微，有时候还有些卑躬屈膝，这种气质似乎就是为了把一支求你怜悯的箭射入你的心中。如果他那哀伤的眼神和乞求的话语没有打动你，那你可要小心了！你很可能要遭遇他们的B计划——装满了他们家人照片的钱包会掉出来，然后你会听到一连串关于背带裤、自行车和尚未支付的账单的故事。他们会不遗余力地争取哪怕一丝一毫的同情。

巴吉度那种坚韧不拔的劲头只有比特狗可以与之一较高下，坚持不懈是他们的强项。他们从不会被拒绝吓倒，不会因为你不接电话或摔门离去而退缩。这种狗是不知何为放弃的。他们坚持、纠缠、哄骗乃至乞求的本领出神入化，这种死缠烂打的能力为他们赢得了名声。"好吧，好吧！只要你从我背上下来，怎么样都可以。"客户大叫着，"你想让我在哪儿签字？"

　　巴吉度猎狗在遭遇不幸时会公然号啕着追问为什么世界待他们如此不公，他们从不会羞于发泄。可能有时候，你在拐角处一见到他们朝你走来就想逃跑，可是你一定要清楚，巴吉度猎狗能够成为你的强大盟友。他们对主人非常忠诚，对目标客户和老顾客也是如此。这种友善和值得信赖的作风可以让巴吉度猎狗日积月累地赚到大把的金钱。

　　别指望狮子狗会和他们混在一起，就连和巴吉度同时出现在公众场合都会让狮子狗感到有损形象。

　　至于手机，巴吉度猎狗会对你说他们根本就买不起。接着你会听他们说起自己的孩子、夏令营开支、城市犯罪、芭蕾课还有旧得没法发动的汽车……

　　别看巴吉度猎狗整天一副可怜巴巴的模样，他们追踪和狩猎的本领可是极为出色的。即使在地形非常复杂的地带，哪怕是几公里以外最淡薄的气味也别想逃过他们的鼻子，他们因此而声名大噪。

　　巴吉度的超级追踪本领，再加上那种"专注地直视你的眼睛"的行事风格，使他们成了狗窝中很有价值的一名成员。永远不要低估外表可怜兮兮的巴吉度销售狗。他们拥有非凡的能力，能够嗅到订单，还能在其他销售狗都无能为力的情况下赢得客户的心。

第 4 章
看 家 狗

接下来要说的是看家狗!

在销售狗的世界里,有一种特殊的狗,这种狗在狗窝中逡巡着,声势夺人。看家狗不是一个品种,而是一种意识!一个大订单就足以打造一只看家狗。

想象一下,约翰·韦恩①或克林特·伊斯特伍德②长出4只爪子和1条尾巴是什么样子,你就会知道看家狗是什么样子了。看家狗是骄傲自大的赌徒,自认为是传奇人物。不过,也正是这样的勇气和彻头彻尾的自信,让看家狗能在一直没有生意的时候也依旧活跃,而这个时期可能会很漫长。其他的狗可能靠点残羹剩饭就能过下去,而看家狗只吃排骨。哪怕快要饿死了,他们也不会迫不及待地围着一个倒垃圾的人团团转。

看家狗只有在舞台很大、灯光很耀眼、观众很多的情况下才会

---

① 约翰·韦恩(1907~1979),美国20世纪四五十年代西部片的代表人物,被誉为"美国精神"的化身。参演的影片有《红河谷》《最长的一日》《枪手》等。

② 克林特·伊斯特伍德,1930年出生,为美国电影史上少见的集演员、导演和制片于一身的全才。他自导自演的影片《不可饶恕》赢得了第65届奥斯卡最佳影片和最佳导演两项大奖。威尼斯电影节也授予他"终身成就奖"。1995年,他自导自演的影片《廊桥遗梦》再一次轰动了全世界。

出山。他们不会考虑跨级推销,除非他们可以从最高层人士那里下手,因为他们只把时间花在那些主要决策人的身上。他们会轻而易举地绕过人事助理,还有办法让哪怕最忙的目标客户及时回复他们的电话。

看家狗要猎取的不是麻雀和野鸡,而是只盯着千斤重的大灰熊。他们可能需要花费相当长的时间才能追踪到一只灰熊,但是一旦发现目标,他们就会一举将其捕获,这是看家狗的拿手好戏。争斗越血腥,此中的故事就越引人入胜,而这个故事就越有可能被绘声绘色地、一遍遍地讲给那些对他们无比敬畏的小狗们听!

我有个朋友就是看家狗,一次我问他通过中介机构来做推销、并在推销过程中达成共识是否重要时,他笑了起来,低声吼道:"那完全是浪费时间。找出关键人物,安排会谈,成交!"这就是他的策略。我可以告诉你,他的座右铭就是:就算要摔下去,你也要摔得惊天动地!就算破产,也不能只因为一幢公寓而破产!

看家狗总是有意识地书写自己的传奇,他们不断努力,为自己的征战故事再添新篇。故事被复述时难免有添枝加叶的情况,对此他们也从不会脸红。事实上,如果有一天吹牛也成了奥运会比赛项目的话,看家狗绝对可以代表自己的国家参赛。

看家狗对维持长期的销售链缺乏耐心。他们是终结者,只在笔已经准备好、墨水灌好、客户集中起注意力的时候,才会披挂上阵。

伟大的胜利使他们沐浴在阳光中,他们可以一直在那里享受日光浴。至于惨重的失败,你别指望看家狗会道歉,因为在他们眼中,这些几乎都不是他们的过错。他们会说管理层太愚蠢,根本不能理解他们的意图,而他们的下属又太无能,根本无法实施他们的计划。

看家狗的问题是太喜欢吹牛和生性过于凶猛,这两者会导致重大的错误,比如误传产品信息。他们会向目标客户保证,只要购买这款最先进的电脑系统,就会附送一台声控咖啡机和一双雪地靴,结果承诺无法兑现，客户彻底失望了，而产品开发部门也大为光火。

对看家狗来说，要么是大订单，要么是没订单，而这种意识也会铸成大错。你让看家狗去找份报纸，而他们回来时可能是两手空空！

不过，虽然养一条看家狗需要准备一个巨人的铲子和无数双塑料手套，你还是不愿意赶他走。哪怕有时候他惹的麻烦和制造的噪音让你无法忍受，你还是会相信他会获胜的。他几乎不听管束，开会很少露面，就算来了也总是迟到。他永远都是大家关注的焦点，可以用他那举重若轻的态度、引人入胜的故事和超凡的领导魅力让一屋子人都对他言听计从。

一个高超的驯狗师可以在狗还没长大之前，就发现哪些狗将来可能成为看家狗。有时候，他们的眼神、走路的姿势，或者他们那比别的狗更加自信的叫声，都能让驯狗师眼前一亮。

长大以后，他们会变得非常骄傲自大，在学习中的表现也时好时坏，为学习付出的代价十分高昂。当他们完全成熟后，就会成为销售经理、公司高级管理人员或企业家。在跨级别市场营销中，看家狗可以接手非常成熟的销售链，不过他们绝不会从底层做起来亲自打造这样的销售链。

如果在早期接受了良好的培训，他们可以成为超级销售狗，但是驯狗师们必须时刻保持警惕。看家狗从不会安心处在底层，他们想找到让自己一步登天的捷径。他们想让你——"拿出钱来给我看看！"

他们还能嗅出谁能给他们权力，察觉到和哪些狗混在一起最有好处。他们不喜欢被挑战，一只小狗几乎没有机会指挥看家狗。他们无法忍受尖叫声。他们会坚持要一间视野好的办公室，并成为乡村俱乐部的会员，还要拥有一张白金消费卡。他们想当老板，想掌握当老板的捷径。

虽然有几个品种的狗更有可能成为看家狗,但总的来说,每种狗都有成为看家狗的潜力。一张大订单就可以造就一只看家狗,而一旦你成为一只看家狗,就再也回不到从前了。

看家狗发起攻击时非常凶猛。对这些家伙来说,所有的游戏都是公平的,而上帝只会照顾那些有领地意识的经理人。他们狂热地抢掠,而惊恐万分的目标客户和心惊胆战、目瞪口呆的老客户只能眼睁睁地在一边看着他们做这一切。他们肯定会把肉带回家,但同时也会把猪圈洗劫一空。

许多狮子狗一进狗窝就开始朝着当看家狗的方向努力。他们努力获取荣誉，吸引别人的注意，追名逐利，而这些都是看家狗所追求的。他们的形象已经很好了，一举一动都引人注目，但他们的最终目的是能够一直保持这样良好的形象！

金毛猎狗可以成为高效率的看家狗，但是一眼望去，你恐怕很难看出他们有这种潜力。他们拥有足够的信心和能力，但是并不会一下子展示在你面前！一旦成为看家狗，金毛猎狗不仅能拿下大订单，而且他们对服务的倾情投入还能使交易保持很长一段时间。对金毛猎狗来说，大订单来得并不特别容易，因为他们关心的不止自己的销售业绩，还有客户的利益。他们的销售计划大多需要大量的后备资源，大多要付出大量的时间和耐心。但是一旦成功，金毛猎狗对客户关系的注重就可以赢得头彩，让他们在相当长的时间里都如沐春风。

巴吉度看家狗在实施销售计划上算不得高手，但是谈到吸引客户以及与客户建立和谐关系上，巴吉度看家狗绝对是一流高手。他们可以踮起脚来，跟在任何一位 CEO 后面亦步亦趋，直到赢得他们的信任和他们在付款上的承诺，这种强有力的、神秘的诱导方式也是只有看家狗才有的本事。

还有一点是所有看家狗都具备的——他们的心胸都很宽广（虽然比特狗和吉娃娃常常很难表现得心胸宽广）。看家狗很喜欢把迷路的狗或小狗掩护在自己的羽翼之下，保护弱小、爱护朋友，做人家的铁哥们。在你需要帮助或陷入绝境时，看家狗就会出现在你面前。看家狗是真正的英雄，他们会至死不渝地爱你。前一分钟还给你惹麻烦，而后一分钟就会自动担起保护一群小狗的重任。

事实上，几乎所有普通品种的销售狗的业绩都会超过混种的看家狗，这纯粹是因为前者的业绩是通过他们个人日积月累的努力得来的。但是当一笔大生意出现时，你就会需要一只看家狗来最终敲定。

如果你手下有看家狗，你就会发现自己对他们又爱又恨。你必须对他们另眼相待，而当你真这么做的时候，会立即听到狗窝里其他狗发出的抗议声。

是的，看家狗的确让人痛苦不堪。但是一旦他们把那笔大买卖做成了，你在开香槟、点雪茄时又会觉得，他们曾不断给你惹的那些麻烦，其实也算不上什么大事。

第5章
找准猎物，找准狗
（换言之，千万别把没毛的京巴派到冰岛去！）

我最初从事推销行业的时候，曾就职于优利系统公司。当时，优利是一家知名的电脑及计算器制造厂商。作为一个新人，我被分到火奴鲁鲁分部的销售部。我的上司，也就是当时的部门经理，是一名非常成功的销售代表。他是一只看家狗。

不仅如此，他还是一只比特看家狗。

我的这个经理是一名顶级推销员，他拿着最高的提成，在比特狗的圈子里很受敬重。他打造成功销售机构的模式很简单——就是致力于培养出一批和他一样的销售机器。他试图把每一个推销员都强行塞入他的模子里，强迫每一个推销员都接受他的习惯和策略。在目标客户毫无准备的情况下进行陌生拜访，整个进攻过程快如闪电，而和客户的关系也总是时冷时热，他全部的工作重心都放在处理新的销售项目上，而不是维护原有的客户关系。"这不过是个数字游戏，"他总是咆哮着说，"你要么拿到，要么拿不到——给我行动起来！"

一旦他对某个销售项目失去了信心，就不会再浪费一秒钟。对他来说，世界上只有两个词值得关心——"行"与"不行"，其他任何介于两者之间的答复都会被他视为"不行"，而说出这种话的目标客户也会被他扔在一边。接着他会马上转移目标，盯住名单上的下一个客户不放。

而一旦他得到的回答是"行"，他会立即扼住对方的咽喉，紧逼不放，直到对方交出所有的东西。他这种进攻型的风格对增加收入非常有效，但是对他身后留下的破坏性后果，他却丝毫不感到愧疚。

他为自己赢得了威望，使自己成了一只超级的比特狗，于是他决心证明自己的这些策略也能够运用到管理层上。可是，这些策略虽然给他这只销售狗带来了巨大的成功，但当他作为驯狗师时他却因此遭遇了惨败。

问题就在于，他认为他的方式是唯一的方式。而事实上，他的方式不过是一种方式而已。

你不能改变某个人最基本、最主要的性情，那是他的精华和灵魂。同样，也正因如此，我们每一个人才会如此地与众不同。你无法把某个人变成一个和他原来的性情完全不同的人。即使你大吼大叫，即使你开出天价，也还是不行！

固执己见会使得整个销售团队灰心丧气，士气低落，很容易就会被彻底击垮。接着，就会出现大幅度的员工调整，而且每个人的销售额都不怎么令人满意，只有少数纯种的比特狗除外——这是典型的80/20法则。几个星期以后，我也开始浏览报纸上的广告，准备找份新工作，同时不停地盘算着怎样才能交上房租。

不久之后，来了一名新的销售经理。他的名字叫史蒂夫——又是一只看家狗，不过他的策略完全不同。他的风格与我的第一任经理完全相反。他是一只金毛猎狗看家狗———种绝妙的稀有动物。

我至今还清楚地记得他召开的第一次销售会议。他笨拙地走进那间灯光幽暗的会议室，现在想起那个房间，我还觉得它好像是一个洞穴。而当时这个洞里蹲着一群焦虑不安的销售代表，我就是其中之一。

我们刚刚从一只凶猛无比的比特看家狗手下捡回一条命，在他一次又一次的攻击下，我们的信心和耐心都降到了最低点。许多人踏在这条船上的还剩一只脚，另一只已经伸出去了，但是我们中的大部分还都是初出茅庐，敏感、焦虑，虽然我们又饿又焦躁，但仍渴望做出一点成绩。

房间里一片叽叽喳喳的议论声，但史蒂夫一走进来，四周就立刻安静了下来。显然，他是只名副其实的看家狗。虽然刚到这个部门，他却很渴望把自己的计划展示给大家，告诉大家他打算怎样把这个表现平庸的部门变成一个真正不同凡响的销售领地。

我们对他的话感兴趣吗？一点儿也不。我在之前那段日子里已经学得够多了。在史蒂夫开始宣布每个推销员负责的销售区域变更时，我真切地感受到了自己那种狗一样的心理。如果你对狗和推销员之间的相似之处表示怀疑，请你不妨回忆一下，你最近一次所经历的销售区域变动或提成变动，或者你在游戏进行到一半时遭遇规则变化的情形。

我还清楚地记得那次会议上此起彼伏的咆哮和狂吠。这种声音持续了好几天——在饮水机旁或咖啡间里，这些声音往往会达到让人狂躁的地步。

但是抗议和抱怨都没有吓倒我们的新经理。史蒂夫是个大块头，总是咧着大嘴笑，说起话来也是个大嗓门。他就像一只圣伯纳德狗，强壮而友好，但一激动起来也会变得尖酸刻薄。

在你恰好水断粮绝，在世上找不到一丝温暖，也找不到一个朋友的时候，他就会出现在你面前。接着他会给你带来一种重燃生命的力量，让你从困境和暴风雨中走出来。不管你身在何处，他都能找到你的踪迹（他确实做到了），而且似乎多重的担子都能担得起。他还是培训理念的大力支持者，而前一个经理则很排斥培训。

他在那次会议之后所采取的行动是最重要的。他和我们每个人逐一谈话，了解我们的习惯、业余生活、个性和爱好。我记得他当时好像更多地在倾听，而不是滔滔不绝地发表言论。在谈话之后，他为我们每个人分配了具体的任务，每个人的任务各不相同。有的立刻被派去做陌生拜访，有的只是去和老客户联系，有的去调查竞争对手的情况，其余的被派去和维修人员加强联系。

他让比特狗们去做陌生拜访，让金毛猎狗去做客户服务，让吉娃娃去做市场调研，让狮子狗去吸引重点的目标客户，同时让巴吉度狗去做公关，巩固和大客户之间的合作关系。

他验明了狗窝中每只狗的品种，然后向他们一一指派最合适的任务。但是史蒂夫并没有就此打住，他又往前迈出了一步。

他努力让我们进步，不论是个人还是集体，都变得更有实力、更有效率了。我们了解到了自己所属品种的与生俱来的智慧，同时还学到了其他品种的一些本领。

吉娃娃们学会了如何进行妙趣横生的演讲，金毛猎狗学会了如何做陌生拜访，而比特狗学会了耐心和倾听。我们没有被迫改变自我，而是因为展现自我而得到褒奖和鼓励，从而能够更加充分地发挥专长。这是自我延伸，而不是自我否定，这使一切都变得与之前大不相同。

我们每个人所接受的培训和教导都是以自身条件为基础的。史蒂夫花了大量时间了解我们的能力，并尽早地让这些能力得到充分的发挥。公司也花费重金送我们去全国各地参加培训。而他们所做的一切最终都得到了回报。

我们所在的销售部门一度是公司表现最差的部门，可如今摇身一变，成了一台非比寻常的销售机器。不出 18 个月，我们就成了公司国内排名第一的部门（人均销售额排名）。而我成了公司全国销售业绩排名第一的推销员。

骨头： 有的狗会推销，而有的狗则不会，这并非天生的推销基因或难以捕捉的运气在作怪，而是因为有的狗接受过培训，有的狗却没有。不错，这个世界上确实有天才，但天才毕竟是极少数。伟大的演员都是在他人的培训和指导下练就了出色的本领。那些四处漂泊的狗，没有接受过训练，也从未意识到自身的能力和弱点，最终往往只能在悲惨和饥饿中徘徊。

作为一名优秀的驯狗师，史蒂夫拿出大量的时间验明在他手下工作的都是哪些品种的销售狗，还进一步将我们所有人都培训成勇猛的猎手、忠诚的伙伴和求知欲极强的学生。我们都从那段工作经历中学到了很多东西，并在后来的人生经历中把学到的这些东西发扬光大。

我在那些日子里学到了很多，比如关于销售、人、行为和态度对最终结果的影响。多年来，我在推销上取得了卓越的成就，从挨家挨户卖黄瓜，到推销计算器、电脑、软件系统、空运货物和运输服务，我推销的物品可谓应有尽有。我还推销过服务，比如个人发展服务、公司变革项目和针对那些多疑的、缺少责任感的人提供的行为转变服务。

当时我几乎没有意识到商业生涯将使自己成长为一名真正的"人类"的培训师，成为一名"兽医"，为那些有需要的种群调整心态。现在我要带着我的椅子、鞭子和驯狗用品到世界各地与上千家公司合作，应他们的请求，协助他们把那些平庸的销售狗培养成冠军销售狗。

对那些尚未获得成功的房地产经理、保险经理、网络营销经理和公司销售经理，我要说的是，你们都是大有希望的。对所有的企业家、推销员，以及那些梦想着"财富大餐"的人，我要说，成功比你们想象的更容易。

世界上真正优秀的推销员，不管他们是在新加坡、香港、莫林、代顿还是曼彻斯特，都有一个共同点——他们都是销售狗。而任何一个负责激励、教导和管理这些狗的人都是一名驯狗师。

第6章
各有各的强项

说起成功的秘诀,大多数了不起的运动员都会说:"你要全力以赴,发挥自己的强项!"

比特狗、金毛猎狗、狮子狗、吉娃娃和巴吉度在销售过程中都扮演着不可或缺的角色。和狗的世界不同,在销售狗的世界里,纯种狗通常不如品种稍微杂一点的狗吃香。要成为冠军销售狗,关键是要了解自身的能力,并依据自身的能力做事,同时还要学习其他狗的本领。要想成为佼佼者,就要进行"跨种训练",这是销售狗取得成功的一个关键因素。

要实现这个目标,第一步就是要清楚地了解每个品种的狗都有哪些强项。

比特狗

比特狗的强项显然是他们的直率和好斗的闯劲。他们能无比熟练地找出一条最短的销售路径,从开始销售到拿下订单只需很短的时间,在这一点上没有哪一种狗能和他们一较高下。他们虽然缺乏耐心,而且往往还缺乏智谋,但是那种无畏的劲头足以弥补这些不足。

是那种乐于迎接挑战的心理使他们赢得了销售上的成功。他们不懈地寻找新的目标客户，坚持打陌生拜访电话，并一次次无畏地面对拒绝，这种能力让他们名扬四海，以至于许多人都把他们奉为典范，不惜违背自己的天性去争相效仿。

你只要用一句"不行"就可以不费吹灰之力把其他的销售狗打发了，而这样的回答只能使比特狗更加卖力地推销，直到你说"行"为止。不过，他们不会浪费时间去追逐毫无希望的订单，当开局表明销售进展会十分缓慢时，他们会很快奔向其他目标。

他们在遭到拒绝时会想着怎么把事情变得更加有利，而不是去做调研或者不予理睬。一只伟大的销售狗总是具备足够的勇气，能自豪和满怀信心地把产品和服务推向市场。比特狗堪称勇敢的先锋，他们有种天生的本领，能很快开拓新的市场。如果时间很紧，而且目标客户非常多，那这些销售狗就很有可能取得成功。

比特狗奉上的骨头：当你拿不准的时候，做点什么……做什么都行！在你心烦的时候，打个推销电话好了。诺曼·施瓦茨科普夫将军在1991年海湾战争的"沙漠风暴"行动中战绩辉煌，他曾经说过："在你拿不准的时候，下决定好了。如果你犹豫不决，就有可能面临灾难性的结局，而哪怕你下的是一个糟糕的决定，也能促使事情进一步发展，促使人们采取一定的行动，这样至少你还有机会去纠正。"这样的行为习惯能够为你打开更多的大门，带给你更大的、惊人的动力，甚至超出你的想象。当你觉得拿不准的时候，可以有意识地打消心中的疑虑，迅速采取行动，向一名目标客户进行推销。销售就像是棒球比赛，你挥棒击球的次数越多，打出本垒打的机会也就越多。你要是一直坐在板凳上，就什么也做不到！

一些做销售的人常说"一切都是数字游戏",在某些市场上,情况的确如此。如果你的产品或服务在大众市场上颇受青睐,那么这种说法完全正确,而比特狗也正是从事这种销售工作的最佳人选。但是,如果你面对的是一个小众市场,目标客户相对较少,那么其他品种的销售狗可能会取得更好的成绩。

金毛猎狗

金毛猎狗深知,提供持续不断的优质服务是积累财富的最重要的手段之一。他很清楚,在大多数情况下,销售的最佳机遇就在自己的客户源当中。只要你曾经为这些客户提供过优质的产品和服务,就为你以后的推销铺平了道路。

金毛猎狗和狮子狗一样,知道满意的顾客不仅会继续购买,而且会成为自己最有说服力的宣传者和产品质量见证人。在其他的狗跑出去寻找新的猎物时,金毛猎狗却对老客户实行超额促销和配套销售。他们知道,与老客户相比,向一个新客户推销需要付出6倍的金钱、时间和精力。

金毛猎狗是一种目光长远的销售狗,他们能够建立起强大的销售机构,并培养出终生支持自己的忠实客户。这些销售狗天性友好,但是一点也不幼稚。他们非常了解自己每一个客户的长期购买潜力,并据此为他们提供量身定制的服务套餐。金毛猎狗要的不是客户,他们要的是朋友、同事、熟人之类的"非常好的人"(只是,这些人当中有的人比其他人更好!)他们最了不起的特点之一就是总能持续不断地想办法让每一次交易和服务都增值。他们总是不厌其烦地一次次地跑回来,以新的方式取悦客户。

金毛猎狗奉上的骨头：永远争做第一个付出的人！不管是在谈判、销售、争论的过程中，还是在其他商业场合。第一个付出的人永远会占据优势，因为这样一来，你就触动了原本两端持平的天平，让它向对你有利的一侧倾斜过来。对方在潜意识中会觉得有义务报答你对他的付出。为他人付出，你可能不会马上得到回报，但是在充满活力的商业活动中，以及我们的生活中，有着非常有趣的互惠法则。养成付出的习惯，这样你的姿态会更真诚，也会避免让人觉得你有所图谋。

金毛猎狗总是致力于提供高水平的服务，因此他们面对拒绝时不会那么坦然，因为他们往往会从个人的角度看待拒绝，而不是对事不对人。他们容易把拒绝看成是对产品或服务的有充分根据的批评，甚至更严重的是，他们会认为这是对他们自身的一种否定。而客户则乐此不疲，因为他们知道金毛猎狗会在遭到拒绝后一声不吭地退回去，改正错误，再提供更好的服务，变得更加顺从。

狮子狗

在做生意的时候，外表和形象至关重要。许多商品和服务虽然比别家的略逊一筹，但销量却胜过了别家的，原因很简单，就是前者看上去更好。看法比现实的影响力大多了！

没有人比狮子狗更清楚形象和声誉对于销售成功的重要性。狮子狗是奉行完美主义的市场营销理念的销售狗，他们为产品和服务进行定位的能力，使他们成了狗窝中报酬最高的销售狗之一。

狮子狗意识到，产品或服务的市场营销做得越好，自己成为"下单高手"的目标就越容易实现。他们想让客户来找自己,而不是自己去找客户。许多狮子狗非常擅长开发和利用市场营销的工具和策略,他们在座谈会、商贸展示会以及各种公关场合尽显风采。狮子狗在赢得声誉、发掘推荐人并建立人际关系网络上总是做得非常到位。

记住,和狮子狗在一起,产品或服务不但要好,还必须"看上去好,摸上去好,听上去也好"。他们知道,高档产品和服务如果能实现美学与顶级品质的完美结合,就能在竞争中所向披靡。

狮子狗奉上的骨头:学会在各种群体面前发表出色的演说,并尽可能在实践中不断运用这门艺术。一对一的交流技巧固然重要,但如果能够在众人面前发表出色的演说,就能使你的知名度和信心增加百倍。还要学会如何通过装扮和服饰体现你个人的风采。研究表明,穿着讲究、装扮得体的推销员比那些外表不加修饰的推销员的业绩要高出35%。我个人有幸和世界上最好的形象顾问合作过,从中受益匪浅,我建议你也去寻找专业的培训机会。要学会如何让你的穿着打扮在最大程度上扩大你的影响力,学会如何展现你最美的一面,同时最小化你的弱点!形象和冲动是人们向你购买产品的动力,良好的形象也是你的工作内容的一部分。要成为一只了不起的销售狗,就要从狮子狗这里学好多东西呢。

如果公司给狮子狗足够的自由空间去开发和测试市场营销工具,那他们必定会有非常出色的表现。狮子狗非常热衷于建立团队、网络和联系人体系,并把这些联系人称为"哥们儿"。如果让他们销售一些本来就很抢眼、很有吸引力的商品，如汽车、房子、度假村和昂贵的家用电器等，那他们也会成为众人瞩目的人物。他们的强项就是打造公司的良好形象。

吉娃娃

当今时代，销售与市场营销离不开高科技，吉娃娃也因此成了狗窝中迅速崛起的一颗明星。拥有最新、最准确的产品知识可以说是一个巨大的挑战。产品知识是一种证据，没有这个证据，你永远也无法彻底说服"陪审团"。吉娃娃在实现交易的过程中扮演着非常关键的角色。

如今，客户对市场上的产品及服务的性质了解得越来越多，因此一个成功的销售狗必须与时俱进，及时掌握最确切的信息。有太多的狗都非常懒惰，没有给予这种现象足够的重视，正因如此，他们只能进行"肤浅的推销"，无法取得成功。一切听上去都棒极了，但一旦客户问起细节问题，就傻了眼。

吉娃娃具有独特的天分，他们能把事实和证据很好地糅合在一起，向目标客户演示他们的产品是如何运作的。他们有能力控制并降低客户心中的疑虑，能够把智慧和信心融入他们所推销的产品当中。许多最出色的吉娃娃都要花费大量的时间作调研，学着去了解整个产品涉及的所有错综复杂的信息，在投入大量时间和精力后，他们往往对推销的产品或服务产生了发自内心的热情。他们总是能将这种热情和不容置疑的证据合二为一，作为推销员，他们这种独特的能力令人敬畏，就连疑心最重的顾客也对他们心悦诚服。白纸黑字的数据资料总能让你心服口服！

正因如此，他们接触的买主在购买后反悔的几率比其他狗要低，如比特狗和狮子狗。比特狗的"受害者"在所受的威胁逐渐消失后会改变初衷，而狮子狗的猎物在魅惑者离开后也会三思而后行，而吉娃娃留给目标客户的只是事实、数字和资料，这些都经得起推敲，具有很高的可信度。（尤其对那些惯用左脑思维的人来说！）

吉娃娃还天性好奇，对目标客户的生意和梦想都很感兴趣。他们对每一件事情都很感兴趣，所以擅长把产品的性能和客户的需要来个完美配对。

吉娃娃奉上的骨头：学习如何去学习！掌握最适合自己的具体的学习策略，学会如何像海绵一样吸收关键的资料。你的学习风格独一无二，一旦你掌握了它，调研和学习就变成了乐趣，变成了一件很简单的事情。当教育成为一种乐趣，你就开创了一片无限宽广的天地。学校教你听、读、记笔记，并将信息来回咀嚼。狗不这样做，大部分人也不会这样去做。对我们当中的大部分人来说，学习的程序是这样的：首先去经历（打一个销售电话），然后磋商（讨论和回顾），接着把你学到的东西写下来。对数据也是如此。走访一个地方，与一个客户谈话，会见一个卖主，然后把你学到的东西讲给另一个人听，接着把你需要记住的东西写下来。你的客户保持率会大幅度地提升，而你在会见目标客户时也会信心倍增。

他们的头脑就像不断扩大的数据库，他们渴望能一天24小时不间断地对所有的事情展开市场调研。他们处理的信息非常琐碎，琐碎得超乎人们的想象。但是往往在有的时候，正是这些看似琐碎的信息，这些小得不能再小的细节，会使形势导向有利的一面，最终让他们敲定一笔买卖。在面对拒绝的时候，吉娃娃会很快查出是什么原因导致自己遭到拒绝，然后把这些原因和产品或服务一一对照。他们的座右铭是："知识最丰富的人才能赢！"

巴吉度猎狗

　　巴吉度猎狗的强项非常经得起时间考验。许多这个品种的销售狗都生长于工业时代，那时，价值观和私人关系是推销的关键因素。不过他们的强项在信息时代同样能发挥关键的作用，因为信息时代的每一笔交易同样涉及错综复杂的人际关系。

　　在那双大眼睛和那对耷拉着的大耳朵的背后，是一颗诚实、坚韧和值得信赖的心。巴吉度猎狗把这些价值观带到市场上，并将它们看做自己的荣誉徽章。他们会尽最大努力证明自己可信而忠诚。事实上，如果一个客户没有回报以同样的热情，他们就会感到非常受伤。如果可以选择的话，他们总是更愿意与人一对一地相处，坚定地直视对方的眼睛，建立一种融洽的私人关系。有一点他们和金毛猎狗非常相像，那就是他们都非常漂亮，个性也很可爱。

　　在某些情况下，赢得客户忠诚的支持非常不容易，而此时巴吉度猎狗可以在稳定客户方面大显身手。客户的期望不断提高，需求不断增加，而品牌之间的竞争优势却不再那么明显，品质差别也在不断缩小，这时巴吉度猎狗所具备的与人们建立感性联系的能力往往成了生意兴旺的决定性因素。要想保持成功的销售业绩，狗窝里千万要养上几条巴吉度。

　　这种销售狗可以在别人无能为力的情况下找到销售机会。如果机会很少，你就需要派一只巴吉度去巡查领地，他们可以嗅出不太明显的机会。这些狗的嗅觉和追踪能力出神入化。他们能闻到千步以外的机会，并有一种离奇的本事，总能找到新的、非同寻常的解决办法来处理客户提出的问题,而其他人可能花 100 万年也想不出这样的办法。

巴吉度值得信赖。他们行事稳妥、可靠,客户如果想寻求公正客观的建议,常会来找他们,因为知道他们不会让自己失望。如果手里的产品或服务对客户来说并不合适,巴吉度比其他品种的销售狗更有可能对客户实话实说。不过,巴吉度还有一种"疯狂的发明家"的气质,也就是说,他们更有可能找到一种两全齐美的解决方式,既能满足客户的需要,又能把产品推销出去。

每一种销售狗都要学会把自己的强项和其他销售狗的强项结合起来。这就是销售狗团队在当今的市场上极具价值的原因。团队的每一个成员都能够发挥出全部才能,也能让同事发挥全部才能,这样才可以作为一个团队进行销售,工作起来自然也就更默契、更高效。

比如,巴吉度猎狗必须学着把自己关于发展人际关系的深刻理念及能力与狮子狗的市场营销能力结合起来。否则,他们很难在日益庞大的互联网经济中找到出路——在这里有 90% 的客户是永远见不到面的!为了跟上别人的脚步,巴吉度必须学会在并非一对一的环境中实现多向发展。

而狮子狗和比特狗可以从金毛猎狗那里学到许多东西。前两种销售狗在拿到订单上很有一套,但是金毛猎狗更清楚售后关系对保持战绩的重要性。

所有的销售狗都能从吉娃娃那里学到某些东西。狗窝里若是没有这些知识丰富的销售狗,可能就只能忍饥挨饿,没有机会大嚼大咽了。吉娃娃提供的关键数据和信息能解答客户最关心的问题,消除他们的担心,并最终签下购买合同。

巴吉度猎狗奉上的骨头：掌握亲和力这门艺术。你可以从今天起，在以下两个方面提高自己：

1. 学会倾听。巴吉度猎狗有一双大耳朵，所以倾听对他们来说是一种非常自然的行为。你在学习这个技巧时，要训练自己闭上眼睛去听，或者偶尔把头转过去，不要一直盯着说话人（要竖起耳朵）。如果你和大多数人一样没有这么做的话，那很可能会被你眼前看到的东西分散注意力。这种训练能让你随时跟上谈话节奏，提高倾听的能力。而这种技巧对擅长倾听的人来说是完全出于本能。

2. 学会把谈话对象的肢体语言和他说的话联系在一起。巴吉度猎狗很容易让你相信他的话，因为你会被他那双深情的大眼睛打动。同样，你也可以用这样的方式和你的目标客户、妻子或丈夫、工作伙伴或老板进行沟通。把他们的肢体语言，如双臂交叉、跷二郎腿、歪着脑袋，以及面部表情等，都和他们要表达的东西联系在一起。看看他们是不是在使用某种视觉语言（"你看懂我的意思了吗？"），听觉语言（"你听到我在说什么了吗？"），或者感觉语言（"觉得不对劲吗？"）。实际上，人们经常会在说话时不经意地给出暗示，而这种暗示能帮助你了解他们的交际风格。注意听取对方的各种语言，善解人意的你就会在对方没有意识到的情况下打造出一种充满魔力的沟通方式。

那么，你是哪一种销售狗呢？

你有没有确定自己和哪一种销售狗最接近呢？

哪一种描述对你来说最真切？

哪一种狗是你的"另一半"？

一名驯狗师一定要有能力辨明自己手下的销售狗分别属于什么品种，这种能力可以提高你管理这个销售团队的能力。知道如何识别狗的品种将使你拥有更强的市场渗透力，更好地满足更多的客户提出来的更多要求。这样做的结果是，更多的销售订单，更多的提成，更多的现金，而且人人有份！

关于销售支持的说明

每一家销售机构都有一间发动机房。这里的人每天的任务就是让发动机转起来，确保产品能从 A 发送到 B，确定服务提供到位，客户的姓名拼写无误。他们往银行存款、平衡账簿收支，尽力让每一个人都心情愉快。这些默默无闻的英雄，对于销售成功也发挥了关键性的作用。销售狗若能给这些为他们服务的人提供服务，将会从中获益匪浅。

超级混种狗

此时，你可能觉得你和某种销售狗有很多相似之处，但又具备其他某一种或几种销售狗的特点，并因此感到很困惑。如果你认为自己不止像一种销售狗，那事实也可能真的是这样。我们每一个人都有一个主导品种的特质，同时还掺杂着其他一些特质！

在狗的世界里，纯种狗很名贵，价格不菲。而在销售狗的世界里，纯种狗虽然也很珍贵，很特别，但是可能就没有那么名贵了。有的推销员很自豪地宣称自己是某一品种的销售狗，而且拒绝吸收别种销售狗的优点。然而，最成功的推销员都会既了解自身的天赋，又努力地吸收他人的优点。在销售狗的世界里，真正的赢家是超级混种狗。

我有一个朋友住在得克萨斯州，她是我所认识的最了不起的企业主之一。她曾经是奥斯汀一流的房地产经纪人。现在她和她丈夫拥有得州最成功的一所房地产学校。她是一只典型的披着狮子狗外衣的比特狗。她做起生意来很固执，而且从不手软，但是她的美丽和优雅总能让你为之倾倒。事实上，在任何一个狗群中，最有能力而且杀伤力最大的狗往往是女性混种狗——尤其是披着狮子狗外衣的比特狗。（她们让你有多心动，就会让你有多心碎！）

这种销售狗的能力令人惊叹，她们可以吞下大块的市场份额，而她们的竞争对手可能这时还没有意识到发生了什么。目标客户也被她们的优雅和端庄迷倒了，常常自己已经被卖了还蒙在鼓里。你可能曾经在女盥洗室里见过这样一只混种销售狗，她一边对着镜子补妆，一边咬牙切齿地嘀咕着："我要搞定那个家伙！"

对狮子／比特混种狗来说，销售这种游戏就是生活的全部。大多数纯种的比特狗一旦抓住了一笔买卖，最关心的就是提成，他们满脑子只有一个字，那就是"赢"！但是，由于狮子／比特混种狗身上兼具狮子狗的特性，比特狗的性格便不会轻易地显现出来。目标客户大多感受到的是他们身上的魅力和睿智，这些只有狮子狗最擅长。（但是，外婆，你的牙齿怎么那么尖呀！）

我的父亲是我所见过的最成功的推销员之一，他是一只披着巴吉度外衣的比特狗。你看到的是他那极具诱惑的随和的言谈举止，这种姿态会麻痹目标客户，让他们放松警惕。但是如果你仔细观察，就会看见他目光中隐藏着一股杀气。他好斗的性格深藏不露，不易被目标客户所察觉。这种谦卑与攻击性兼备的特性着实让人叹为观止。

献给经理人的骨头

永远不要低估任何一只销售狗。能打猎的狗都有个特点，他们往往看上去像只懒惰的混种狗，蜷缩在那里，无精打采，不像会有什么大作为。这是因为他还没有嗅到任何气味，一旦他嗅到了什么，他的肾上腺素就会立即活跃起来，浑身毛发直立，立时就准备出发了。所有的困境都阻挡不了他们那无限迸发的活力，他们把鼻子紧贴地面，无所畏惧地爬过泥坑，趟过河流，翻越岩石，直到最终找到猎物。

有的销售狗说起来头头是道，但是在最终即将成交时却会停滞不前。你必须了解自己擅长的是什么，以及还有哪些技巧是需要继续锤炼的。如果你是一只体重不足5千克的吉娃娃，而你的猎物是一头重达两百多千克的大棕熊，你可能需要一点外援才能最终达成交易。在必要的时候，永远别怕叫来同窝里具备一定技巧的另一只狗来帮助你敲定这笔买卖。只要处理得当，推销可以变成一种非常精彩的团体运动项目。比如，把一只吉娃娃和一只看家狗组合起来，就既有了声势和信心，又有了可靠的资料和信誉，这无疑是一个杀伤力极强的组合。

也有一些销售狗似乎拥有无人能及的某种能力，他们能敏锐地嗅出一丝几乎难以分辨的气味，并进行追踪。于是，他们拥有了许多很有价值的目标客户，但问题是他们很难把推销进行到底。针对这种特性，首先，你要让他们充分发挥自己的强项，然后向他们提供帮助，协助他们完成交易。也有的销售狗是"瞎"鼻子，无法打开局面，哪怕天上掉下个机会来，他们也察觉不出来。但是，如果你把他们放在一个现成的目标客户面前，他们就可以发挥自己的魅力，吸引对方、赢得对方，最终轻松地给整个销售画上一个完美的句号。

超级大骨头

　　发挥你的强项，并让每一个人都充分发挥各自的强项，这样一来，你们都将成为赢家。

第 7 章
发挥你的强项

我向来坚信你应该先了解自己的强项,然后再把它充分地发挥出来。不过,有的时候你的强项反而会成为你的障碍。

我在从业初期就曾遭遇这样的难题。我有一个与生俱来的本领,那就是非常善于学习、分析并利用别人的长处。我花费了大量的时间去欣赏并研究他人的成功经历。我总是想,既然他们都比我成功,那就意味着他们一定具备某些内在的东西、某些特殊的性格优势,他们才能到达成功的顶峰。而我的目标就是了解并学习这些性格优势。

想法是不错,但是一旦走向极端便适得其反了。如果你完全压抑了自己的灵魂、埋没了自己的闪光点和独特气质,盲目地去模仿另一个人,那你的这种努力便会成为一种障碍,阻碍你的个性发展。在力争模仿他人的强项时,却把你自己的强项丢掉了。

说到我自己,有好几次我真的在非常努力地想变成另一个人。别误会我的意思,学习他人的长处是提高自身能力的一个最好的办法。不过,我很早就发现,试图变成另一个人,结果只会是使自己陷于沮丧、挣扎、不快和困顿之中。

我的许多朋友,有的直至今天都保持着一种非常强硬、好斗的气质。他们有一种能力,能软硬兼施地通过不懈努力挫败别人的锐气，压制对方的力量与权力，迫使对方和他们签下订单。我虽然非常乐于参与他们这种力量型的、激情迸发的推销过程，但是我自己一向无法压制别人或者与别人针锋相对，也无法迫使别人向我屈服。

我是在俄亥俄州纳瓦拉的一个乡村社区中长大的，在同龄孩子中我的个头又是最小的。记忆中，大部分时间里我都在躲避各种冲突和厮打，以保自身的安全。就是在这样一种环境下，我磨炼出了一种本能，那就是迅速起跑，突然拐弯，在很短的时间里跑出去很远，甩掉追赶我的人。当我的腿救不了我的时候，我的嘴就会发挥作用，以保住口袋里买午饭的钱。我知道如何凭借三寸不烂之舌让自己逃出艰难或危险的境地。久而久之，我很难在别人面前摆出一副咄咄逼人的架势。

许多人也许会认为，我这样一个缺乏进攻性的人肯定无法成为一个多么出色的推销员，但幸运的是，我个人的成功足以证明：事实恰恰相反。

说实话，在遭遇冲突和艰难的处境时，我内心的感受仍然和当年那个8岁的孩子一模一样。当我在生意上进退两难时，当我和妻子或同事发生争执时，我心里总有一个念头，那就是逃跑，而不是去战斗。

如果我表现出了一点勇敢的样子，那更多的是因为我对现实世界中的残酷永远认识不足，永远抱着天真的幻想，而并不是因为我具备了直面冲突的勇气。我常常发现，当我陷入了艰难的处境时，只要左摇右摆几下就会逃脱出来。在一次次的经历中，我意识到我天生倾向于息事宁人，不愿意挑起事端，而我这种扭转劣势的能力使我赢得了巨大的利润。

大学毕业后，我的第一份工作是在一家知名的货运公司任职。公司老板认定我将来会成为一个总裁或领导人物。他是一位活力四射的企业家，经历了许多磨难才最终建立了这家成功的企业。他想把我打造成他的接班人。

我记得好几次，他曾对我说过这样的话："等你开始像我一样想问题的时候，就算上道了。"许多成功的企业家都抱有类似的观点。

可是，我发现自己缺乏他那种勇气，不敢直面那些身材高大的货车司机，不敢对工会采取强硬态度。我认识到我的强项是谈判，是让别人变得心平气和。最后，我再也不愿意强迫自己改变个性，何况那种个性完全不适合我。于是我离开了那家企业，开始投身于自己的销售事业。

我遇到的第一个销售经理采用的是同样的方式，试图把手下的推销员打造成他自己的复制品——他是他心目中最完美的推销员。在史蒂夫取代他之后，我的世界才终于发生了转变。

在最初的几个月当中，我接受了培训，这些培训让我展现出了自己的强项：我有一种取悦客户的强烈欲望，擅长与人建立友善的关系，并能一直保持着积极的心态。我几乎可以和所有人成为朋友，并能很快让他们放下戒心。我发现自己一旦盯上一个目标客户，就能在非常短的时间内和对方建立起一种牢固的、彼此信任的长期合作关系（典型的巴吉度／金毛猎狗的混合品种）。

我的这些强项足以让我发展成一名中上等水平的推销员，但是我仍然需要学习另外一些技巧，才能成为一只真正不同凡响的销售狗。说到这里，我的一些天生的品性真的成了我成功路上的绊脚石。

比如说，我总是下意识地推掉一些让我觉得不太自在的会晤和比较难完成的任务，总想着"以后再说"。我经常在完成一次销售后需要缓冲一下，眼看着自己的精力和良好的状态一点点消失殆尽。所以，我很难连轴转。我的这种天性既成了我的动力，也成了我的阻力。

对我来说，打陌生拜访电话比做什么都难。我可不是比特狗。不过我意识到，若是没有这个能力，那么一旦开局不是很顺利的话，我就将永远处于劣势。我知道自己需要具备拓展业务的能力，而打陌生拜访电话是拓展业务的最好方式。显然，我需要克服与陌生人交谈时那种从内心升起的恐惧感，不能害怕遭到拒绝，因为正是担心被拒绝，我才不敢贸然地去推销。

我的经理通过培训帮助我跨越了这个巨大的障碍。他告诉我，打陌生拜访电话的目的并不是推销任何东西，而是锻炼自己，让自己适应其他的销售形式。这就像举重或跑步一样。他让我把整个过程一遍遍地重复，这样就会在我的脑子里形成一种神经性的条件反射。这个办法果然有效。反复练习终于赶走了我心中的畏惧，取而代之的是一种迎接新挑战的激情。

事实上，我把打陌生拜访电话这项苦差事以及克服内心恐惧所忍受的煎熬变成了一种骄傲。对我来说，数数自己在一天当中做了多少次推销简直成了一种好玩的游戏。我相信自己现在仍然是纪录保持者：一天68次！

如果在过去，这简直是不可能的。但现在我知道，这对我意味着一次真正的冲击。我还记得自己在火奴鲁鲁商业区做推销的情景：我从一间办公室跑到另一间办公室，推开一扇扇门，在一个个接待员面前匆匆走过。我学会了怎样在最短的时间内仅仅通过察言观色或通过观察人们在办公室里的位子找出办公室经理。

我会突如其来地出现在他们面前，用手中昂贵的桌面计算器向他们进行疯狂的演示，大喊大叫中夹杂着狂热与幽默感。我记得那天刚开始做的几次推销让我很痛苦，但是在那个创纪录的日子里（大概在第25次推销的时候），我突然间完全放开了！我冲进办公室，就像一只军犬那样咆哮着，时而还夹带着一丝土狼式的幽默，我在办公室所有人员的面前进行表演，完全没去想推销的事情，也没有顾及自己的形象。我的幽默发挥得越来越酣畅淋漓，而在那天接下来的时间里，我把每一次推销都视为一次新的演说机会，并利用这些机会不断磨炼自己的销售技巧。

那天的推销没有一次是成功的，但是我的思路被彻底打开了。只要有必要，我就能像比特狗一样冲锋陷阵了。

我意识到我这种销售狗——巴吉度与金毛猎狗的混合品种——总有一天需要运用更多的技巧才能上升到最高的层次。我只用了一天就领略到了比特狗的思维方式，并学会了这个品种最突出的天性——好斗，而且不在乎自己的形象。对我来说，这是具有划时代意义的一天，从那以后我学到了很多东西。

我新练就的面对困境的本事使我成功地拿下了好几笔业务，这些业务给我带来了丰厚的收入，让我挣到了很多钱。如果我没有接受训练，在发挥自己强项的同时没有学习其他销售狗最拿手的本事，那么我现在可能还蜷缩在某个角落，做着天上掉馅饼的美梦。

你不一定非得要做一只比特狗，但是你必须学习比特狗的本领，在需要的时候把这种本领发挥出来。

我很清楚，作为一名推销员，我最大的长处是我仍然是一个老好人。但是，在必要的时候，我也能像比特狗、吉娃娃或狮子狗那样披挂上阵。通过培训和实践，我的头脑里已经开始接受了那些新的策略和技巧。我能够去学习，去实践，把阻挠自己从他人身上学习成功策略的精神障碍彻底清除。我已经把自己的头脑训练得非常灵活，可以视情况随时接受并启动我所需要运用的策略和技巧。一度让我畏缩不前的那些恐惧和障碍逐渐消失了。

骨头：有的销售狗能推销出产品，而有的则不行，其中一个原因在于是否有能力学习并运用制胜的技巧。有的人乐于学习对自己来说比较陌生的行为技巧，这样的人能够通过学习成为一只超级销售狗（或者我们所说的超级混种狗）。而有的人不愿学习，拒绝放弃固有的思维方式，固执己见，只会说："那不是我的风格！"这些人最终只能被抛弃，沦为可怜虫。你必须永远做一个学生，永远渴望超越自己。

事实上，正因为我愿意学习，正因为我得到了很好的训练，我才最终发现，在我的内心深处真的潜伏着一只比特狗，它蠢蠢欲动，渴望冲出樊篱；同时潜伏在我内心深处的还有一只狮子狗，它也在蠢蠢欲动，渴望保持良好的形象；另外还有一只吉娃娃，满怀激情和活力，仿佛一个对数据极其入迷的边缘人。煤矿的深处其实埋藏着许多钻石，你需要花费大量的时间、付出艰苦的努力才能把钻石挖出来，让它们发出耀眼的光芒，给你带来巨大的财富。

不过，每当人们碰到挑战时，头脑中那个下意识的声音就会说"我只能用我的方式来处理"，如果你在这个声音的影响下轻易地缴械投降，就永远也无法达到更高的境界，永远也不会拥有现在所拥有的经济、社会地位上的成功和生活上的快乐。

第 8 章
超级混种狗训练

　　你也许要问："在推销时哪一种销售狗最成功、赚的钱最多？"是从不轻言放弃的比特狗吗？是能给人留下深刻印象的狮子狗吗？会不会是巴吉度猎狗，因为它如此擅长与人交往？没准儿是金毛猎狗吧，它那无与伦比的客户服务不是总能让人称道吗？或者在这个高科技迅猛发展的世界里，对技术知识了如指掌的吉娃娃更能独领风骚？

　　对这个问题，在各个行业、各种情况下的答案都不尽相同。你需要让一只狮子狗来推销一家新公司的"形象"，他们的本事往往是表现这家公司"将会怎样"，而并非"它实际上是什么样的"。

　　在一个在商言商、高科技说了算的环境当中，吉娃娃可能在解决疑难问题、完成复杂的销售过程方面是最适合的人选。在销售领地遭到破坏、需要重建和增强客户信心和支持度的情况下，金毛猎狗那以客户服务为基础的销售策略可以解决这一难题，因此，这时候金毛猎狗会是最适合的人选。

　　同样，要想在一支销售队伍中注入传统的价值观以改变局面，那么扮演这个角色的最佳人选非巴吉度莫属。巴吉度是建立"老伙计"销售网络的大师。当然了，在销售进展缓慢或是时局艰难、需要冲锋陷阵的时候，没有人能比得上比特狗。

那么究竟哪一个品种的销售狗能推销得最多，赚到最多的钱呢？正确的答案是：所有的品种。

如果你能在一个推销员身上找到每一个品种的销售狗的最突出优点，那么你就找到了一个我们所说的"超级混种狗"。不管情况或环境如何，这种冠军级销售狗总能生存下来，并取得辉煌的战绩。

你是否成功并不取决于你属于哪一个品种。一只销售狗如果完全依赖自己固有的长处，不去学习其他品种销售狗的特长，那他在销售行业最终只会表现平平。你是否有能力在发挥专长的同时学习其他品种的本领，将决定你能否成为一只业绩非凡的销售狗。你具备越多品种销售狗的特性，赚的钱也就越多！

不久前，我受纽约的一家大型投资银行的委托，去考察他们的一个销售团队。这支销售队伍正在全力招兵买马，但业绩仍然不够理想，他们想让我看看为什么会这样，并帮助他们扭转这种不尽如人意的销售局面。

我一去就旁听了一次该销售团队与一名客户之间的电话会谈。我们全体销售人员都在一间办公室里集合，这个房间四面都是玻璃墙，从房间里可以俯瞰这座行色匆匆的城市。房间中央摆放着一张巨大锃亮的红木会议桌，可供十几个人轻松入座。当时，6个销售经理在房间里来回踱步，他们试图向一家《财富》500强企业的养老金经理推销一种高收益率有价证券。

电话会谈开始前的3分钟异常地漫长，仿佛时间都凝固了一样。房间里西装革履的角斗士们都非常亢奋，就像一支准备上场的高中足球队。

他们的瞳孔放大，掌心直冒汗，还时不时地松一松那价值250美元的领带，随时准备出击。正午的阳光穿过房间巨大的玻璃墙面，一排金光闪闪的衬衫袖扣晃得我差点睁不开眼睛！

我坐在角落里，静静地观察着眼前的情景。此时，这个销售团队正在重复他们的销售计划，他们把客户可能提出的所有拒绝的理由都准备了，而银行的负责人也拼命地给他们打气："我们一定要把这个家伙拿下！"这一刻，我仿佛看到了他正挂着哨子，身穿运动服，那身运动服上印着两个大字——"教练"。

电话铃响了，每个人都把注意力集中在桌子中间的扬声器上。在和客户进行了几分钟的交谈和问答后，其中一只销售狗像突然亮起来的电灯泡一样，一跃而起，迅速伸手按下了电话上的"静音"键。

接着，他激动万分地告诉大家他突然想出了一个绝妙的方案，保准让这个客户不得不接受他们的推销。大家热烈地回应着，兴奋异常，全都扑到这个计划上来了。他们就像一群叫个没完的小山狗一样，左蹦右跳，念念有词，在白板上疯狂地涂写着，还屋里屋外跑来跑去地搜集更多的数据资料。

他们自顾自地忙了好一阵子，却忘了那个客户还在电话那头说着话呢，而此时他们当中没有一个人在听他说些什么！静音键一直按着，只不过，每过一会儿就会有一只销售狗走过来把它关掉，非常礼貌地对客户应付道"哦，哦，是的，好的，很好"，接着他们又会按下静音键。这一切简直让人无法想象，而我能做的就是强忍着不让自己捧腹大笑。

过了一阵子，他们终于确信自己已经能将猎物拿下了，于是，销售经理们镇定地坐了下来，取消了电话静音。他们故作认真地听了几分钟，然后抓住对方一个停顿的间隙抛出了自己的杀手锏，试图完成他们自认为是本世纪最大、最成功的一笔交易。这些人几乎一口气把话说完了，其间，一只吉娃娃滔滔不绝地抛出了一大堆的数据资料，那种咄咄逼人的架势丝毫不比一只比特狗逊色。最后，他们的话讲完了，我几乎感觉到他们已经准备开香槟了！

这时，客户开口说话了："哦，我听到了你们说的这些，但我不是很确定。这样吧，你们过几个星期再给我打电话，我们到时候再进一步讨论吧。我还需要考虑一下其他的选择。"

会议室里的人都惊呆了，不敢相信自己的耳朵。一些人嘀咕了几声，试图再解释些什么，可是客户已经挂断了电话。

听到电话挂断的"咔哒"声，周围一片沉默——只有我在角落里偷笑。银行的负责人还愣在那里，一副丈二和尚摸不着头脑的样子，他转过身来问我："出了什么问题？"

问题很简单，不需要请教火箭发射专家，就连普通人都能发现问题出在哪里。这些家伙都是超级比特狗，兼有一点吉娃娃的特性。很显然，这里缺乏的、同时也很急需的是：巴吉度猎狗或金毛猎狗。

从一开始他们就纷纷忙于找出解决方案，而没有耐心倾听客户的问题到底是什么。客户一直在说，他关心的是如何让他的董事会接受这些方案，而他的需求并没有得到关注。他满怀希望地把这个问题拿出来和他们讨论，但他们根本没有重视他所说的话。

这个客户说，上一次有一笔类似的交易让他很尴尬，别人也因此对他颇有微词。所以，他很关心银行的信誉，以及媒体对于公司这种高风险的投资方式会怎么说。任何一只货真价实的巴吉度或金毛猎狗都会认识到，这段个人经历将直接影响客户的最终抉择——这个人在寻求诚信、保证、放心和回报。而当时这群销售狗给他的承诺除了回报之外,其他什么都没有。

由于整个销售团队都没有意识到这个问题,结果在这个追捕的过程中猎手不见了。最糟糕的是,因为没能成交,他们把责任全都推到了客户身上。突然之间,客户成了"不可理喻"的人,"不是我们要的那种客户",而且"太难伺候"。在他们看来,一切都是客户的问题——责任不在他们自己。

好在我们后来为这些狗提供了培训,让他们了解了其他销售狗的拿手本领。实际上,我把这些家伙都叫到了一起,让他们两两促膝而坐。他们要按我的要求直视对方的眼睛,毫不犹豫地完成自己的伙伴所发出的简单指令。我让他们这样训练了好几个小时。他们对此简直忍无可忍!可是过了一段时间,他们终于领悟了。我们在他们的头脑中打开了一条新的思路。他们学会了巴吉度猎狗的一个重要本领,那就是投入、沟通、聆听,并让对方明白你很清楚他的意思。

从那以后,这群销售狗成了该银行在全球的各个分行中销售业绩最好的一支团队!即使在证券市场急转直下,每个华尔街人都四处寻找避难所的时候,他们的销售额仍然在持续上升。在接受培训后的6个月里,每一只销售狗的现金提成都上升到了6位数!

你必须了解自己的强项,然后尽情地去发挥。不过,你还必须接受特定的训练,这样你才能从每一种销售狗手里拿到他们的传家宝。这就是成为超级混种销售狗的秘诀。

在我所说的训练和培训中,你需要不断地、一次又一次地学习并操练其他品种的狗的天生本领,不过这些本领对你来说往往太陌生了,不符合你平日的风格。在接受训练时,德国牧羊犬也许要按要求一遍遍地走钢丝,直到它学会了如何毫不害怕地在上面坐、停或站立为止。同样,销售狗也要反复接受训练,这样才能成为了不起的猎手和真正的冠军。

68次推销、数小时的促膝对视训练,还有站在屋子前面进行陈述训练,都并不是旨在提高你的推销能力,让你更擅长目光交流,或教你如何得到更直接的回应,而是要在你的头脑中打开一个全新的思路,这思路能让你获得某些本领,而这些本领正是你现在获取财富所急需的!

让我把这个概念再进一步阐述一下,因为它真的非常重要。训练的设计意图是要激发一种思想意识上的敏感,而这种敏感原本是不存在的——就像那家投资银行的那群比特狗一样,他们根本没有意识到自己忽略了某些东西,而这些东西正是客户竭力寻求的。

有一次,一位女士正在对一群投资商作重要的推销陈述,而我当时受人委托,要给她提出一些反馈意见。她有一双睿智的蓝眼睛,举止优雅,穿着既有品位又不失干练。她表现出的是一种不容置疑的真诚,而且她对即将阐述的有关投资机会方面的知识也了如指掌,另外,她还拥有灿烂的笑容和柔美的嗓音。

可她一开口说话,问题就出来了。她的陈述枯燥无味,而且她和面前的这群人完全没有交流。听众都走神了,不是昏昏欲睡就是在不停地看表。她所陈述的内容对她的目标听众来说完全没有吸引力。

事后我问她,她自己感觉这次讲话的效果怎么样,她说:"我觉得一切都进行得非常顺利。"我问她为什么会有这样的感觉,她回答说:"哦,他们什么疑问都没有,我想我做得不错!"

我问她:"如果真是这样的话,那些投资商都到哪儿去了呢?我没看到任何人留下来签名索要更多的信息,或者当场签下支票。"

接着我又提出了另外几个问题,这时,她才慢慢意识到她欠缺某种东西。对大部分销售狗来说,自学成才几乎是不可能的。他们在舞台上站得太久了,难免被灯光晃得睁不开眼睛。

我可以告诉大家,在过去的13年里,我一直在教别人如何进行有说服力的、有效的销售陈述,遗憾的是,上述情景我见得太多了。大部分销售狗都缺乏一种洞察力,不了解自己的听众、目标客户和同事对自己的真正看法,也不知道对方会作出怎样的回应。这种现象在销售中可谓"沉默的杀手"。而这些销售狗很可能会去责怪环境、市场和客户,却很少对着镜子仔细看看他们自身存在的问题。

通过训练和教导,销售狗能够有机会得到重要的信息反馈。在我刚才提到的那位女客户的案例中,我们对她进行了必要的演说培训。仅仅经过半天的培训,她在座谈中的陈述效果就有了质的飞跃。

不经过训练,你永远也看不到自己忽视的东西!

混种培训的另一个重要作用就是帮助人们克服某些心理弱点,不再害怕被拒绝,不再害怕遭遇尴尬或被人羞辱。人们之所以害怕犯错,害怕被拒绝或尝试新鲜事物,就是因为他们害怕当众出丑(在别人面前哑口无言)。对许多人来说,当众出丑比死还可怕。(事实上,我最近看到了一份有关心理恐惧的调查结果,在导致恐惧的各因素中,死亡只排在第3位!)

狗对这些却毫不在意,因为它们从没有在学校里被人嘲笑过,从没有被恋人伤过心,也很少在众人面前受过惩罚。而我们在培训中让人们反复操练关键的训练内容,目的就是为了愈合过往经历留在人们潜意识中的伤口,除了消除这些恐惧心理,还要建立起一种条件反射,而这种反射能让人们拥有激情、快乐和金钱。

大骨头

很多时候,我们盲目地认为自己所取得的成绩都是天生注定的。有时候我们甚至为此而扬扬得意!"我就是要做我自己!"世界上任何一个伟大的企业都在不断地研究并吸取他人的长处,以保持自己的竞争力并持续发展。一只出色的销售狗也应该这样做。

千万别让骄傲自大阻碍了我们掌握新技巧的求学之路。

记住：你不一定要成为一只巴吉度猎狗，但是你必须了解巴吉度的本领，培养出像他一样对事物的敏感度，做一只伟大的销售狗。是的，认识并了解你自己的品种和所有优势是很重要的。当然，意识到你这一类人天生的弱点并愿意改进也同样重要。不要用你的狂妄自大对你的行为方式进行辩解。不要说："我必须永远坚持走自己的路！"

对销售狗来说，如果你抱着这样的心态，那你最终只能唱着悲伤的歌曲，陷入无尽的痛苦之中。

第9章
管理狗窝
——销售狗的行动章程

服从性训练

即便是最温顺的一群狗,如果没人管教和指引,也会很快野性大发,狂吠不止,漫无目的地从一个领地游荡到另一个领地,四处寻找能填饱肚子的东西。

销售狗也不例外。要想让他们有所作为,就必须找一个训练员,识别出狗的品种,了解他们天生的优势和劣势,把每一只小狗都放在恰当的位子上,使他们具备获得成功的可能。他们的训练员需要知道什么时候应该放松束缚,让他们自由发挥,但是也必须早有准备,在销售狗行为离谱时,能有意识地拉紧手中拴狗绳。

在销售狗的世界里,凡是了不起的推销员都是各种狗的混合品种。所以,有一点对你来说很重要,这就是要明白,想在销售行业做出成绩,不一定非要做一只纯种的比特狗。

本书要打破一个令无数人信奉的神话,这就是所谓的独一无二的、成功的销售模式。如果你是一名驯狗师,此时正为无法让手下的销售狗遵循这个模式而沮丧,那么打起精神来;如果你是一名推销员,此时正在拼命模仿你的同行,那么也打起精神来。所有的狗都能打猎。要想成为一流的销售狗,你完全可以像现在这样,做一

只好狗，诚实、热情、富有同情心。要想在销售游戏中胜出，你不必非得做一只凶猛、世俗、咄咄逼人的恶狗，不必狂热地去做推销，或是摆出一副冷漠无情的架势。

想取得出色的销售业绩，你不一定非得是一只比特狗。但是你有必要了解自己属于哪个品种，以及你同窝的其他狗分别属于哪些品种，这样你就可以设计出适合自己的行为方式和交流方式。

记住，每一只销售狗都有独特的个性，而每个客户和目标客户也同样个性独特。把销售狗派往恰当的领地，把他们的本领用在恰当的客户和目标客户身上，这样有助于让他们在一开始就学会如何建立关系。接着他们会继续努力，并从其他品种的销售狗那里学习新的本领。最终，无论在什么情况下，无论在哪片领地上，他们几乎都能战无不胜。

如果你想培养与客户之间的亲密关系，最大限度地制造成功的机会，就要作出明智的选择。比如，派金毛猎狗去应付温和委婉的目标客户，而如果目标客户做事雷厉风行，那么派只比特狗前去对付则更为明智。你不能派狮子狗去对付一个高科技数据的发烧友——他们不在同一个重量级别上。同样，你也不能派一只巴吉度去取悦一个颇具狮子狗风格的目标客户。

要是让狮子狗或比特狗去和政府机构打交道，他们可能会受到致命的打击。相反，处理这些需要软磨硬泡的、漫长而琐碎的事务却是巴吉度或金毛猎狗最拿手的。

同样，不同类型的产品也需要不同品种的销售狗来推销。比如，医药产品的推销就不同于传统的交易模式，它完全是一种公关游戏。长期以来，医药部门总是从和他们比较亲近的人那里购买药品（巴吉度猎狗的领地）。驯狗师必须对每一只销售狗加以指引，帮助他找准合适的方向，取得他所能取得的最大成功。至于如何教导和发展你手下的队伍是没有固定模式的。你要提供的训练和指导必须根据各个品种的性情为他们量身定做。但是别忘了另一个重要的问题，那就是不要太过强调狗的类别了——他们每一个品种都是独一无二的，都有自己的特质。

在管理比特狗的时候，重点是要给他们制造大量的挑战。限额、销售竞赛，以及其他让他们在技巧上和业绩上与别人一争高下的活动，都能激发他们的斗志，促进他们的个人发展。你可以派给他们一项无比艰巨的任务，或是让他们面对一个风险极大的挑战。"我知道你绝对没办法达到这个销售额，这完全不可能。不过，让我们看看你到底能做成什么样子。"让他们嗅到一丝挑战的气息，或者开始就给他们一点甜头，让他们释放出一些野性。

而这样的情境如果放在一只金毛猎狗身上，只会增加他的不安，因为这等于把他置于一个不是你死就是我亡的局面中，而金毛猎狗更喜欢皆大欢喜的局面。他们不喜欢把自己的利益凌驾于他人的利益之上。

不过，如果你稍作调整，加入一个附加的竞赛项目——衡量客户满意度，就可以利用比特狗的技巧来实现平时只有金毛猎狗才能取得的推销效果。如果你非常擅长激发你手下销售狗的斗志，就能取得你想要的效果。

你的比特狗不太圆滑，直率得甚至有时候显得有些粗鲁。他们觉得待在衣帽间里比待在高尔夫俱乐部里更自在，而且他们认为销售就是一种争取合同的体育运动。你只需简单明了地给他们指出方向，派他们上路就行了。你可以派他们去肮脏的工业园区，他们绝无怨言。你可以让他们去会见某个灰头土脸的工头、卡车司机或一个卷起袖子，埋头苦干的人，他们也绝不会反感。如果你想在一片死气沉沉的领地上开拓出一些生机，那他们就是你的种子选手。还有，一定要给他们一些时间讲讲他们曾经的辉煌战果，讲讲他们曾经如何完成了那些"不可能完成的任务"，然后再让他们出击，他们会乐此不疲！

他们只要有事情做，有东西追赶，就会非常开心。他们宁可追赶自己的尾巴，也不愿坐在那里耐着性子等事情做。不管什么时候，你都应该让这种欲望和精力得到最好的利用。

狮子狗则不同，他们必须不惜一切代价保持自己的最佳形象，而这正是管理好他们的关键所在。你要确保让他们知道如何才能保住销售狗中"领头"的地位。给他们一些自由去和那些有头有脸的人建立起亲密的关系，他们会做得相当出色。他们可能会非常喜爱一些小玩意，比如掌中宝、名牌钢笔、珠宝首饰、名家设计的服装和名牌轿车。了解这种嗜好是激励狮子狗奋发向前的秘诀。你需要了解哪些东西可以驱使你的手下走向成功，而对于狮子狗来说，答案一目了然，因为他们把这些能让自己兴奋起来的东西都穿在身上，放在手边，招摇过市，让全世界都能一眼看出他们的喜好！

要让狮子狗迎接挑战，就得告诉他们，眼下有一个机会能让他们声名鹊起。告诉他们，如果他们干得漂亮，就会为他们招来一大批手下供他们差遣，甚至有可能让他们在业界以及社区当中一夜成名，也许有一天他们还可以就此出一本书呢！狮子狗非常喜欢视野开阔的大办公室，单凭这个，就足以让他们为公司的事业全力以赴、创造奇迹。

只要把他们介绍给尽可能多的人，让人们不断地赞扬他们，他们的热情和能力就会被激发出来。让他们进行演说，并且一定要邀请重要人物前来捧场……他们虽然会感受到压力，但最终会发出更加夺目的光芒！告诉他们，他们展示得越多，他们的能力就会得到越多人的认可，而他们的推销工作就会越轻松。

对于你的金毛猎狗，你要允许他们在现有的客户身上花费一点时间，因为他们非常喜欢揣摩怎样才能让客户满意。在指引他们的过程中给他们一些空间，让他们在客户身上投入大量时间，通过学习去了解如何提供出色的服务。你要保证给你的金毛猎狗一些时间汇报你的产品或服务给客户带来了多大的帮助，这会大大地激励他们。这种狗是你最好的"终端"销售人员。他们会像个侦探一样四下里闻来闻去，寻找新的方式进一步帮助现有的客户。这种不遗余力的跟踪服务着实能让金毛猎狗小赚一笔，在最初的佣金兑现后，他们还能促成更多的交易，拿到更多的提成。

一旦他们觉得自己能够为顾客做一些非常独特和重要的事，就会全身心地投入，对顾客报以赤胆忠心。和你的金毛猎狗在一起的时候，你需要对产品和服务的不足之处非常敏感，并且要抱着负责任的态度，因为他们会按照你对客户的责任心来判断你的诚信度。你对金毛猎狗的客户一旦作过担保或承诺，就千万不要反悔，否则你会失去他们的信任，而产品的销售额也会受到影响。

相反，如果你能对客户的服务和需要作出积极的回应，那你的金毛猎狗会相应地对产品或服务表现出一种近乎狂热的激情。对一只金毛猎狗来说，客户服务的使命永无止境。

如果一个销售项目没有经营好，你的比特狗会断然放弃，心里不会感到丝毫的歉疚和自责，而同样的情况却会让金毛猎狗备受打击。因此要给金毛猎狗以支持，对他们进行培训，让他们更有自信，相信他们的知识和专业水准能够为目标客户和老客户提供良好的服务，这样他们就能每次都把肉叼进家门了。

和吉娃娃在一起的时候，关键是要给他们充足的时间去做产品分析、工业数据研究或针对地方市场的调研。对吉娃娃来说，最可怕的事情莫过于面对客户的提问而回答不上来。在他们看来，知识就是力量，如果你让他们在一场技术较量中输给了目标客户，那你可要做好准备，很可能你将不得不把他们送往精神病院。

对其他狗的驯狗师来说，吉娃娃简直不可理喻，他们真的特别需要了解自己推销的产品或服务的每一个细节。吉娃娃能把一些看似无关紧要、毫无用处的信息变为交易中至关重要的武器，若论这种能力，吉娃娃在所有的销售狗中可是首屈一指的。

如果他们对产品或服务有信心，就会表现出超级执著和顽强的精神，就能把自己的论点表述得无可辩驳。有的客户喜欢把相互竞争的各供货方的特点拿出来进行对比，可以把这样的客户交给吉娃娃来对付。他们会全力以赴地投入战斗，而且绝对不会投降。

吉娃娃做的研究工作能让整个狗窝里的狗都受益。不妨让吉娃娃去找出产品或服务的各种细节，发现产品或服务的优势和特点。允许吉娃娃对竞争对手进行彻底地调查，这样他们才会更清楚自己推销的产品或服务究竟有哪些独到之处，有哪些突出的优势。一旦他们找到了答案，就会简明扼要地把这些知识转授给狗窝里的其他狗。这会让他们感到干劲十足，给他们一种荣誉感，让他们感到自己在这个群体中的地位举足轻重。

至于巴吉度猎狗，你要花点心思提醒他们，告诉他们一定要为这个大家庭做榜样，告诉他们整个大家庭都依赖他们，靠他们养活。这样的安排似乎有点残忍，但是有时候巴吉度可能会缺乏天然的动力，需要你很友好地、时不时地在他们背后推一把。

你可能每隔一段时间就要推他们到办公室外面走走，因为他们往往会一坐下来就不愿意挪窝。（犯懒啦！）他们喜欢捧一杯热咖啡，蜷缩在那里"思考"问题。如果把他们弄到办公室外面，弄到当地的咖啡馆外面，让他们和目标客户面对面，他们就会发挥自己的能力和目标客户建立起非常好的关系。

如果你不了解巴吉度的强项，那照顾他们可能比照顾其他所有的狗都要吃力。你可以让他们接手几个开局很好的生意，让他们明白只要坚持去做，一笔生意很快就能拿下。要表扬他们的跟踪能力，告诉他们你在最后阶段会随时给他们必要的支持。

他们看上去就像电视剧里播放的那个传奇故事中的私人侦探科伦坡。科伦坡看起来不怎么招人喜欢，而且让人有点瞧不起，因为他的样子实在很邋遢。可是，他总有办法让疑犯麻痹大意，在疑犯自认为万事大吉的时候发起突袭！巴吉度和科伦坡简直一模一样！告诉巴吉度，你需要一个能闻到交易气息的人去打开局面，找出买家。让他们去调查一下，谁在从谁那里买东西，都买些什么。

巴吉度还有一个特长，那就是他们能够在客户表示不满的时候安抚住客户的情绪，尤其是在服务失当或产品出现问题的时候。他们那种一对一的本事和令人信赖的能力着实让人叹服。

我认识一只在空运行业工作的巴吉度猎狗，他的经历简直就是一部传奇。有一次，他的公司接手了一笔价值1500万美元的药品配送业务。这种对时间要求很严格的商品必须在规定的时间内被运送到全国各地，有时候送达的地点非常偏僻。结果，他所在的公司出现了一系列可怕的失误，几乎所有产品都没能及时送到目的地，有的坏掉了，有的送错了地方。在这种情况下，这只巴吉度猎狗被公司派到客户那里，而客户当时不仅已经准备好要把整个业务都交给另一家空运公司，而且正准备以货物损坏为由拒绝付款。这只巴吉度和客户进行了几次交谈，结果，他不仅挽回了这笔生意，还从这个客户手中又拿到了一笔750万美元的订单。这样的局势绝对需要巴吉度那种真诚和谦卑的品性，才能处理得如此完美。

不过，有些巴吉度对狮子狗既羡慕又嫉妒，很容易因此陷入痛苦之中。重要的是要让他们确信，他们能广交天下朋友并总能赢得信任，这些天生的本事让他们绝对不会输于其他任何一种狗。时不时地安抚一下，给他们一点甜头，就能让他们在很长一段时间里都干劲十足。

要额外给他们一些时间，让他们和目标客户共度美好时光，让他们尽情发挥独一无二的天生本领，这样，他们就能拿下在其他狗看来几乎无法拿下的订单。

在所有的销售狗培训中，关键是要记住，对一种狗有效的做法往往对另一种狗不起作用。不同的东西会激发不同的狗，出色的销售狗驯狗师对这一点心知肚明，他们会为各种狗量身定制出独特的培养方式。

比特狗和狮子狗喜欢当冠军，会不惜一切代价实现这个目标，而对天性和善的巴吉度猎狗或吉娃娃来说，这些都是次要的。金毛猎狗的需要很简单，就是确认有人爱着自己就行了！

看看你窝里的狗都属于哪些品种！

戴安娜是一个年收入上百万美元的销售高手，她曾经说过这样一番精辟的话：

许多销售都建立在人际关系基础上的。在最初的销售阶段，客户服务是建立信誉的关键一步（此时目标客户正在对你进行评判），而且这对留住老客户至关重要。客户服务的关键在于，你要持续不断地去发现客户的需求——这对你来说是继续和客户做生意、继续推销，并让老客户为你推荐新客户的机会。客户服务就是销售！你手下可能有某些销售狗在推销时总能胜人一筹，但是在客户服务上就会显得逊色了。所以，你和你所在的机构必须明白你自己属于哪一种狗，如果有必要的话，还要让其他的狗也参与进来，共同为客户持续提供服务。另一方面，如果你的全部注意力都在高质量的客户服务上，也很难得到更多的订单，你还必须不断地向客户推销、推销、再推销。

戴安娜是一只地地道道的批着金毛猎狗外衣的比特狗！

豢养训练

每一种狗的性情和行为大多是由其成长过程决定的。我曾目睹一只本性凶猛的德国罗特韦尔犬被驯养成了世界上最温柔的动物，而一只只有手掌大小的小猎犬却被训练得能把你的整个胳膊都咬下来！要想让你窝里的销售狗个个都训练有素、遵纪守法，你必须对他们进行豢养训练，关爱他们，尊重他们。否则，你就要花费大量的时间，拿着笼套，带着塑料手套，跟在他们屁股后面收拾残局，甚至还要抽身去救邻居小孩的性命！

所有的狗都需要主人的爱抚和赞扬，只有这样，它们才能在成长过程中养成良好的性情。销售狗同样需要这种积极的爱抚。推销员是一群比较简单的动物，就像金毛猎狗想让人轻轻抚摩它的耳后一样，销售狗活着也是为了得到表扬和安抚。有的销售狗甚至愿意放弃物质上的奖励来换取一点名气和一声赞扬，他们活着就是为了要成为传奇人物。

我从不主张在狗惹了麻烦的时候去讽刺他或批评他，不鼓励使用这种方法让他们学会该怎么去做。不过，许多经理人都习惯采用这种方式对待他们的销售狗，但很难收到预期的销售成果。如果使用更积极的方式，效果可能会更好一些。对任何一只狗进行豢养训练时，你都要记住，在他没有闯祸的时候要对他大加赞赏，而一旦他闯了祸，就要立即纠正他的错误。

对待销售狗也一样。当他们终于做了你要他们去做的事情时，你一定要让他们沐浴在你的认可和赞美之中，而且要具体地指出他们究竟做对了什么。"你上个星期干得真不错"，这样的话太模糊，也缺乏可信度。还有，不管是表扬还是纠正错误，都要及时。"今天在客户对价格提出异议的时候，你的表现非常好——你肯定听得非常认真，不然不可能那么快作出反应——干得好！"这样的表扬再次强调了认可的技巧，而且还让他们觉得很有面子，因为你对他们很关注。

大多数狗对你的认可都会有良好的反应，而经常挨打受骂的狗最终要么自暴自弃，要么畏畏缩缩不成器。这两种表现都不利于推销。作为驯狗师，最糟糕的行为莫过于忽视销售狗的表现，因为这会使他们变成懒惰、不守规矩、没有用的狗。

我有一个客户经营着两百多家零售加盟店。在为这个客户提供培训服务的过程中，我们让那些商店经理们对每个推销员的业绩都给予积极的赞扬和认可，结果我们发现，仅仅用了一年的时间，这些店的人均销售额就上升了好几个百分点。要激起销售狗天生爱赢的欲望并不需要花太多的心思。只要对他们说："真是只好狗！"然后时不时在他们的耳后轻轻抚摸一下，或者摸摸他们的肚子就行了！

要想在狗窝中建立起一种共同的信念和认识，就必须有一套所有的狗都认可的荣誉称号和"家规"。

基本家规

1. **不要在家中大小便**。如果你到处大小便，你就有责任收拾干净，不管是在什么情况下。不要把你的麻烦推到别人身上，或者随意制造麻烦。

2. **不要作不必要的或无休止的吠叫、抱怨、愠怒或哀鸣**。不要对他人指指点点，不要进行人身攻击或总是发牢骚。要负责任。如果有什么问题，直接去找相关人士当面解决，不要在别人背后做手脚。

3. **随叫随到**。对你的行为造成的后果负责。

4. **不要乱撕乱挠家具**。永远不要苛刻地批评团队里的其他成员，尤其不要在目标客户或其所在的公司面前做出这样的举动。

5. **不要靠在家具上**。永远不要以不正当的方式利用他人的帮助或职位之便，不管对方是你的同事，还是你的目标客户或现有客户。

6. **不要在晚餐桌上乞食**。不要在自己成绩不好时寻求同情，不要指望他人给予施舍。自己的饭票要自己去挣。

7. **不要从桌上、台面上或冰箱里偷东西吃**。（我弟弟的狗真的能打开冰箱自己拿东西吃！）要诚实，不管什么事情都要坚持诚信。在任何情况下都要行为坦荡。

8. **不要四处乱走**。尊重每个人的领地，彼此之间经常沟通，了解可能出现的矛盾或利益冲突。将注意力集中在手头的任务上，不要挑起利益纷争。

9. 不要跳到人身上。清楚通用的职业化标准,要认同永远保持这种职业形象。

10. 为每一次成功喝彩。即使是小小的成功也要喝彩,不管是你自己还是他人取得的胜利。

这些只是管束你手下这群销售狗所需要遵循的一部分规则,它们能使这些狗从一群各自为政的乌合之众变为一支战无不胜的销售团队。在面对巨大压力的时候,普通狗会各自逃命,而你的销售狗则会团结起来,战胜困难。

新狗训练

让你初出茅庐的小狗激情迸发、飞奔起来绝对是一门艺术。销售狗如果在年轻的时候没有得到正确的指引,就会后患无穷。如果一只小狗跳到你身上,你会觉得它乖巧可爱、朝气蓬勃。但是,如果你躺在地上时,一只重达几十千克、淌着口水的大狗突然坐在你的胸前,你再也不会觉得这一幕有多么可爱,而是会感到非常痛苦!

遗憾的是,我还真遇到过几个这样的推销员。在一只销售狗刚刚入行时,向他们灌输正确的行为方式还比较容易,而等他们习惯了错误的行为方式以后,再纠正就难了。是的,老狗也能学会新把戏,但是原有的不良习性却很难改正。

大多数新狗不会立即驯服或是一夜之间就改头换面,但是通过正确的训练,你完全可以让他们在举手投足之间表现出冠军的潜质。

训练的过程非常简单,如下所述:

起初给你新来的小销售狗派发一些简单的任务,让他们早一些尝到获胜的滋味。不要一开始就让他们去推销。让他们去读6篇和

产品有关的文章,然后把从中学到的东西汇报给全组成员。让他们读3份年度报告,然后做3次演说。让他们去参观10个操作系统,然后把自己学到的东西和销售团队的其他人分享一下。让他们花上几天的时间去观察,并为你最好的客户提供某些无偿服务。

让他们熟悉即将从事的行业。如果你推销的是房地产,那就让他们和建筑商、承包商以及贷款方在一起待上一段时间。如果你们是推销保险的,让他们去图书馆研究一下近5年的保险业发展史。找出过去一年的《华尔街邮报》,浏览第一版上所有和保险有关的大标题。

很多年前,我碰到了我最大的目标客户之一,他从事的是食品批发行业。我对食品批发行业一窍不通,所以我决定了解第一手的信息。我用了一个星期的时间在仓库里扫地板、卸货,从中了解到的东西比我从商业杂志或公司概况中看到的东西要多得多。后来,我有幸得到了该年度该地区最大的一笔销售订单。

让他们去打电话。让他们通过电话调查了解顾客的需求。让他们在采取行动之前至少打 25 个电话。

给他们扔几根骨头。在他们成功地完成一项任务后,立即给予认可并鼓掌向他们表示祝贺,或是赞许地拍拍他们的脑袋。这会给他们动力,让他们继续努力,向成功的方向前进。

给你的小狗一点时间,让他们慢慢长大。大多数经理会把小狗扔到野外,眼看着其中一些死去,另一些靠自己的力量挣扎着活下来。这不仅是对时间和金钱的浪费,而且是对个人意志的不必要的

折磨。大部分狗都会打猎，但是他们需要一个有耐心的驯狗师。记住，只给他们派发低风险的小任务！

当你的销售狗逐渐成熟起来，开始拨打真正的陌生拜访电话时，就不会把挫折完全看成是个人的失败。他们将具备一种意识，这种意识将带领他们穿越暴风骤雨。动力是你的整个销售团队取得成功的关键所在。请指导他们，表扬他们，自始至终对他们负责。

你总是一眼就能看得出来，一只小狗是否已经在一个对他很好的家庭中长大了。当你的销售狗准备好到外面的真实世界去闯荡的时候，他们该如何去做呢？你要及早地教他们在外闯荡的技能，充满耐心，尊重他们，而这样做的回报是不可估量的——无论对你还是对小狗而言，都是如此。

组建一支高效的销售团队

好了，你现在已经识别出手下的狗都属于什么品种了，你拥有了一批老狗，也正在训练你的新狗，你完全认识了狗窝里的狗，能够对号入座。那么接下来怎么办呢？

你的理想是，希望这一群狗能在一起玩耍和学习，充满欢乐和友爱，行为方式也都合乎规矩。而现实中，许多经理发现，他们的销售狗的表现不尽如人意，因此感到很沮丧。通常这都是他们从小养成的坏习惯造成的不良后果，抑或是因为经理人没有把自己的期望传达清楚。

许多经理人都犯了这样的错误，他们忽视了建立优秀销售团队的必要性，忽视了团队蕴藏的潜力，因为打造一支出色的销售团队需要耐心十足，并付出大量的劳动。有的经理人把销售狗扔到一边，让他们自生自灭，结果只能是适者生存。也就是说，坚持到最后的未必是最出色的，因为这样的环境对某些品种的狗会造成致命的打击。结果,狗窝里的平衡将被打破,相互信任和团队合作将被贪婪和恶意中伤所取代。

我曾经目睹一些经理人采用分而治之的手段,让所有的推销员都不得不相互直接竞争。竞争是好事,但是破坏性的竞争就没有一点好处了。这是因为,虽然这种手段在短期内可以增加内部动力,甚至会提高销售额,但是它也会制造出太多的冲突,有时候会导致整个局面失控。最终,它将对整个团队的形象、效率和业绩造成破坏性的影响。据我观察,凡是遵循这种模式的销售团队到头来都像一群饥饿的疯狗一样,彼此不信任,为鸡毛蒜皮的小事争吵不休,对群体中最弱的狗进行无情地攻击。他们宁可包围并吞食一些小动物(小订单),为了一点残羹冷炙你争我夺,也不愿意团结起来合力猎捕一头可以让他们好几个星期都不愁吃穿的大公牛。

相反,让我们来看看那些齐心协力拉动雪橇的冠军狗团队。这样的销售团队能经得住任何考验,能战胜数不清的困难,还能在遭遇严寒或其他困境时相互关照。在过去的12年里,我们帮助许多组织机构打造出了这样的冠军团队、团队中每一个成员都是一个超级明星,整个团队的业绩也非常出色,而且并非是各个成员业绩的简单相加。

几年前,我的一个客户遇到了难以承受的压力,他们整个销售团队的道德和业务水平都遭到了质疑。在此之后,我和他们一起工作了近1年。在这个过程中,该团队建立了一套非常严格的荣誉规范,并且经过多次磨炼后,团队成员都认识到他们之间真的可以彼此信任。起初,在种种负面的压力下,公司里有许多议论,说大家该跳槽、各奔前程了,而这个团队却始终紧密地团结在一起,在他们所负责的国家和地区取得了破纪录的销售业绩。他们把那种压力看成是一次动员令,而不是四散奔逃的理由。

拉雪橇的狗群团结一致,在困境面前始终保持彼此忠诚;同

样，一个训练有素的销售狗团队也会坚守原则，永远不会在队友需要的时候弃他而去。在所有的销售行为中，最了不起的业绩总是由那些了不起的团队共同创造的。

虽然经理人可能是毋庸置疑的领导者，但是你永远也不要依靠铁腕政策来统领队伍，除非你能够同时表现出温情和友好。没有一个伟大的教练会永远以独裁者自居。如果雷厉风行是你的风格，那你同时也必须学会表现出温和的一面，让你的狗知道你确实和他们站在同一立场上。销售团队中的每一个成员都有权在发现不当行为时表示不满，或在恰当的时候对值得称道的行为大加赞赏。事实上，我所见到的最好的销售经理都能够把手中的拴狗绳放松一些，让自己的狗可以放开来奔跑，但他们同时也能把绳子拉紧，以免他们横冲直撞。

如果你想激励一窝狗或是一群狗，不妨来看看我在下面列出的这些条款，它们适用于任何一种团队。我们的现场培训课程以及系列录音资料都对这些条款进行了更深入细致的讲解。

激励高效销售狗团队的行为准则（我称之为"条款"）

1. 为所有的成功喝彩！对所有参与和出色完成任务的行为给予积极的认可。

2. 订规矩（家规），对违规行为果断叫停。

3. 经常并及早听取有关战果及学习经历的汇报。

4. 化伙伴间的压力为动力来激励整个群体。

5. 不要试图教猪唱歌！（详见第14章。）

6. 使用通俗的语言，比如"学习经历"和"战果汇报"，不要开口闭口都是拗口的职业行话。

7. 为跃跃欲试的人加油。如果你的狗当中有一只不停地在原地打转，为他加油，直到他转出去为止。

8. 设定一些短期的、能够轻松完成的任务。大多数狗对未来都没有什么明确的概念。他们几乎不考虑晚饭后的事情。

9. 让你的狗不断地练习在压力、对抗和挑战的锤炼中挺直腰板，直到他们习惯了这么做为止。确保让所有的情绪都得到表达。销售狗应对异议（拒绝）的体系能使他们自然而然地克服障碍，成功地处理情绪问题。

10. 更多地照顾到销售狗情绪上的需求，而不是有形的物质需求。

11. 想办法让他们觉得自己是在为一个更高的目标做贡献。狗热爱提供服务。

12. 确立并维护那些有助于打造团队精神、家庭合作及同志关系的礼仪性的行为、活动和惯例。

13. 坚持在团队中寻找冠军人物和盟友，利用他们领导团队。

14. 坚持寻找并推举英雄人物。

15. 当团队在精神上或情绪上陷入困境时，想办法改变一下环境、气氛、日常安排或工作地点。狗在椅子上躺得太久就会昏昏欲睡。

16. 坚持把工作重点放在对精力和情绪的管理上。

17. 把他们的问题扔回去，让他们自己解决。把肉扔回到狼群中去。

18. 使用轮盘赌式的领导技巧。谁在眼下有好点子或妙招，谁就是团队这一刻的精神领袖。

19. 在关系到游戏规则或家规的维护时，你要表现得强硬，但是别忘了要自始至终表现得温和（以支持、鼓励的态度），以保持恩威并重的形象。

20. 知道何时该协助他人，何时该独自勇夺冠军，何时该毫不犹豫地将一切掌握在自己手中。

21. 当你感觉到某些事情还在酝酿之中，或感觉到某种想法尚未浮出水面，不妨实事求是地畅所欲言……把你看到的或感觉到的告诉大家。（尽管你有可能出错！）

22. 做一个学生，学人、学心理、学管理、学变化，还要学狗！

第 10 章
顽强的信念
——冠军销售狗的 4 种思维方式

　　人类似乎认为自己的大脑构造高级而复杂。我们的大脑有脑皮层、脑边缘系统、脑干等多个部分。这样一个功能完备的脑可以让你处理税务问题、记住自己的纪念日或是阅读手边的这本书。可是，在销售上，有时候功能过于完备的大脑反而会成为一种障碍。

　　狗是一种非常简单的动物，狗脑也比人脑小得多。它们通常对周围发生的一切事情都会作出积极的反应，因为它们不会过多地分析，不会过于将其理论化，也不会过于自责。它们只是为了眼前的一切而活着。它们对痛苦、快乐、爱与尊重看得很简单，回应也很直接。

　　金毛猎狗在追逐飞盘的时候，脑子里只有一个念头，那就是成功地接住飞盘。它可不会对自己从前没接住飞盘的失败经历耿耿于怀。它也不会彻夜难眠，担心自己明天能否接住飞盘。它只知道，现在要不管三七二十一地把飞盘抓住！

　　如果换成是一个人，可能来到公园的那一刻就让他感到压力最大，他会担心如果没抓到飞盘，别人会怎么想；他还会琢磨如果没抓到，会让谁感到失望，他甚至可能已经开始为失败找借口了！人脑有一种神奇的天赋，它能把毫不相关的事情硬扯到一起，构造出荒诞的、神乎其神的信念或迷信想法。

有时候只要出现了不寻常的情况，我们就会得出极其复杂的结论——有好的，也有不好的。比如，你打了一个促销电话，结果非常糟糕，你的介绍一塌糊涂，而对方也很粗暴。

由于我们的大脑基本上是一个寻求快乐、躲避痛苦的器官，它会四处搜索，为这类事件的发生找出一个独特的缘由来。于是你产生了某种荒诞的联想，比如"我今天用了新洗发水"，你后来又碰巧经历了一件痛苦的事情（不管是什么事情），而且你那天早上又使用了同一种洗发水，你会突然坚信，一切不愉快的经历都和那种洗发水之间存在一定的联系——你很可能会突然"抛弃"那种洗发水。这是一个很简单的例子，但是它说明了一个问题，那就是我们经常会在完全不相关的东西或事件之间寻找某种关联，然后给它罩上一件"不吉利"的外衣，而这件外衣下面可能是你一大早做过的事情，也可能是你和老板之间的最后一次谈话。

你的决策是否英明，决定了你的成绩是否突出。如果你的决策建立在一种错误理念的基础上，那么其结果必定会出现偏差。

所以你要记住，下一次你若是碰壁了，或是被派去完成一项艰巨的任务，或是不得不面对一件可怕的事情，在那一刻要就事论事。把它当成是抓飞盘——像狗那样！

你有没有注意到，有的人似乎很神通广大，好像不管做什么，他们总能成功。在20多年的个人发展研究中，我一直在思索个中原因。现在我相信，他们之所以有这个本事，是因为他们本能地像狗一样思考。

狗都有4种基本的思维方式，一旦这4种思维方式结合起来，就能彻底改变生活的各个方面。有了这些思维方式，你也能变得神通广大。

怎么样，感兴趣吗？

首先，第一个也是最关键的问题是："你愿意真的像狗那样思考问题吗？"如果你发自内心地愿意这么做的话，那么我敢肯定，你的收入会明显地增加，因为有些狗之所以能打猎，就是因为具备这些思维方式。而另外一些销售狗却因为不具备这样的思维方式，永远也不会打猎和推销。

这些思维方式都和你如何看待每个人每天都会遇到的以下4种主要境遇有关：

1. 遭遇挑战或逆境：迎接挑战。
2. 回应不愉快的经历：抑制负面心理。
3. 回应一次就完成任务的努力：为每一次成功喝彩。
4. 面对自己和团队的其他成员：发挥个人的意志力。

成功应对上述4种局面的方法，你只要花几分钟的时间就能学会，花几秒钟的时间就能运用于实践，而且肯定会对你生活的各个方面产生积极的影响。而你可以尽情去享受更多成功的推销经历，挣更多的钱，身体也更健康，内心也更加宁静与幸福。这个方法已经得到了充分的验证，我在过去的15年里曾经利用这个方法帮助很多组织机构培养出了身价百万的销售狗，打造出了冠军销售团队，训练出了高水平的团队成员和善于振奋士气的领导者，并从中赚取了数百万美元。

经证实，采用这些思维方式能使销售额增长30%~80%，甚至还能对未来的情况进行预测并产生影响。

一、迎接挑战

迎接挑战或直面逆境难免让人心生畏惧，而且往往会让人感到焦虑不安、不堪重负。大多数表现突出的狗都受过训练，因此都能够应付极具挑战性的任务。至于动力，则完全来自他们个人的记忆库。以往的经历告诉他们，只要能成功地完成任务，随之而来的就是回报。他们并不记得曾经的失败，除非这些经历曾给他们带来惩罚或痛苦。

　　金毛猎狗很可能不会让失败的阴影占据头脑。你只要看到他那种兴奋与激动的表情，就能明白他正全心期待着成功——他认为自己肯定能追到那根木棍。他看到的没有别的，只有在不远处等待他的爱抚、赞扬或拥抱。他用过去曾经取得的成功支撑着自己的信念，把那些失败的经历从记忆中抹去。在他过去的经历中，可以调动起一系列成功的回忆，给他力量去面对现在，给他勇气去迎接未来。

　　篮球界的传奇人物迈克尔·乔丹总是在终场前控球，他曾经谈过自己是如何处理这种压力的，他说："我不会想太多，不会把它看得太重。"

　　相反，他会想起1982年NCAA全国冠军总决赛的最后几秒钟发生的那戏剧性的一幕，当时他从底线跳投，为北卡罗莱纳州赢得了冠军。他说当自己面临重大挑战的时候，眼前就会重现1982年的那一刻，他会对自己说："没什么，我以前也经历过这样的场面。"于是他便会镇定下来，等待有利的时机出现。（资料来自《神圣的篮筐》，菲尔·杰克逊著。）

 摘　要

　　眼下的情况会令你的情绪出现很大的波动，导致你反应迟钝，结果甚至会让你才思枯竭。此时，你要从过去的经历中汲取力量。你必须学会重温以往的成功经历，为你眼下的利益服务。

即使你从未在同样的情况下取得过成功，你也可以从以往的经历中找出类似的情况，这样你就可以从中获取信心和力量，帮助自己渡过眼前的难关。

二、抑制负面心理

你要遵循的最直观的一个原则就是，要学会如何抑制逆境中产生的负面心理。

你见过哪只狗曾为自己在其他狗面前没能接住飞盘而伤心失落吗？你见过哪只狗在尝试了一次之后就放弃吗？你见过哪只狗气呼呼地坐在角落里，责怪自己没有接住球，骂自己是蠢货吗？说到这里，你见过狗追猫的情景吗？他们追猫追了上千年了，我怀疑是否有一只狗曾真的追到过一只猫。可他们是怎么做的呢？是躺在地上，用爪子抱着自己的头，哭喊着自己的生活没有希望，还是不顾一切地去追赶另一只猫呢？

逆境是生活的一部分。碰壁是生活中尝试与反馈过程的一部分，

是再自然不过的了。你只有被汤烫过好几次舌头之后，才会确定汤在什么温度下喝着最舒服。这就是尝试！你不会因为被烫了一次舌头，就一辈子不喝热汤，或是只喝冷汤了。

狗总是保持着旺盛的精力，总是不停地碰壁，直到它们得到自己想要的结果。它们不需要什么方法，因为这是它们的天性。

而销售狗却需要这样一个获胜的方法，以避免他们的情绪突然崩溃。下面的几个要点能帮助你控制情绪，把注意力集中在成功地完成销售任务上。

首先，和许多传统的新时代个人发展计划不同的是，我们所强调的关键点是学会把事件客观化，换句话说，就是把问题的根源归咎于你完全无法控制的客观环境，把责任推得一干二净。

比如，你不妨这样想：

- 目标客户今天心情不好
- 时机选得不对
- 都是那人今天的头发在作怪
- 都怪信息不灵通
- 这完全是别人的问题造成的

让自己的内心保持洁净，清除那些影响心情的垃圾想法，这一点很重要。你不能因为一时的不顺利，就对自己人生某个方面——比如你的生意或销售策略——完全失去信心。一个目标客户在电话里拒绝了你的推销，并不意味着你整个星期都会不顺利，也不等于你的销售策略存在根本性问题，或者说你根本就不适合做推销员。同样，它也并不等于你的财务状况永远都无法得到改善。只有人类的大脑才会产生这些疯狂的想法。一只狗连做梦都不会有这种疯狂的、毫无根据的联想。

你有责任心,并不意味着你要把每一件糟糕的事情都往自己身上揽!

如果你觉得所有不利的事情都是你一手造成的,就会对你造成极大的伤害。不过,这并不是说你不应该从自己犯下的错误中吸取教训,而是说你不要让曾经犯下的错误彻底摧毁你的健康心态。在每一个了不起的推销员、运动员、教练员、团队和投资者的身上,你都能看到这种正确看待错误的能力。

你要负责的是如何应对逆境,下一步采取什么行动,或者如何分析发生的一切,而不一定是造成这种情况的原因所在。

甚至于你的结论或分析是否正确也并不重要!你的思维不会因此而发生变化。如果你认为一切都是自己一手造成的,就会感到很颓丧;如果你把事情看得客观一些,你的精力就会旺盛起来。记住,销售这种商务活动纯粹是精力的较量,所以,只要你能保持精力旺盛,就能恢复得更快,推销出去的东西也就会更多。

其次,告诉自己遭到拒绝只是一次偶然,不要认为这次拒绝会产生任何长期的影响,或造成更大范围的影响。就事论事,只不过是一个特定的人对你在这个特定时间里向他推销的一种特定的产品或服务没有特定的需求而已。

下面就是应对逆境的原则。

切记!

1. 首先,发现出了问题。这问题必须是现实中发生的事情,比如你上了飞机才意识到自己把大衣落在了机场!或者一个目标客户告诉你再也不需要你的产品了。

2. 当你发现问题后,立即就会产生某种情绪,这种情绪就像一记警钟,告诉你要小心接下来发生的情况。

3. 你的头脑里开始犯蒙了。

4. 脑子一犯蒙，你必须赶快跳出来，问自己："我这是在对自己说什么呢？"这个问题能强迫你的大脑来回答，这样你就能跳出来，客观地观察自己的心理活动。

5. 你必须首先识别自己真实的情绪——愤怒、沮丧、失望等。问一问："我现在感觉怎样？"一旦你明确了自己眼下的情绪，就把它大声地说出来。"啊哈——是沮丧！"你可以这样喊出来，也可以小声说出来，这要看你当时在什么地方，以及你当时的感觉！来点轻松幽默的……比如，用克鲁索检察官的那种口气把它说出来！

6. 通常不出10秒钟，你就会发现自己开始使用一些泛指的词来描述当前的情况，比如"总是""永远也别""每次""所有"或者"每一个"。比方说，"这种事情总是发生在我头上"，或者"我永远也别想得到这订单"。

7. 在你发现自己开始使用这种词汇的时候，应该停下来克制住自己，笑一笑说："你看看！"发现自己的这些用语就等于有了95%的胜算，能帮助自己尽快恢复状态。微笑可以缓解压力，让自己振作起来。

8. 接下来，你必须对这些泛指的词语进行纠正，并采用一些具体的表达方式，如"这一次""只是偶然""眼下看来"或"在这种情况下不起作用"。

9. 然后，你要找出内心的暗示，比如"我""是我""我的错""我是怎么搞的""怎么会是我"，等等。

10. 再次对自己微笑着说："你看看！"然后想办法把责任合情合理地归结于或者干脆推给客观原因。这种做法很有趣，很幽默！"那家伙今天心情不怎么样！""戴着那样的假发，难怪他今天不顺利！""这次算我的对手走运——嘿，我们大家都有机会啦！"

11. 接下来，迅速找出一堆证据来支持你刚才对自己所下的结论。"我把衣服放在机场某个地方时，都累得半死了，整整奔波了

24个小时，我简直累坏了。"或者："那家伙每次和我说话的态度都挺不错的，就是今天有点古怪。"

12. 最重要的一步——这样问问你自己："我现在真正想要的感觉是什么？"（乐观、开心、兴奋、坚强、自信等。）这样问自己，然后努力让自己的内心真的产生这样的感觉。如果不行的话，就回想一下能让你的脸上露出笑容的某次经历、某种联想或是某段趣事。一旦成功了，就尽你所能地把这种感觉保持得久一些（几秒钟、几分钟、几小时）。这会把你的情绪重新调动起来。这一步很神奇。别问我为什么这个方法能奏效，只管去做就是了！我对自己说："我原本希望自己现在开开心心的。"我联想到这样一个情景：儿子本杰明在足球场上射入了他的第一个进球，他的快乐瞬间迸发，两只小拳头高高地举过头顶。我的脸上露出了一丝笑容。我让这微笑保持了几秒钟的时间，期待着我的下一步行动，于是一切烦恼都烟消云散了。

13. 在这以后，你应该告诉自己，要期待着不久的将来会有喜事降临。于是喜事就真的来了！电话铃响起，机场保安人员会告诉你，他们找到了你的衣服，或者你会接到一个很久没有联系的老客户打来的电话，说想见见你。

这一切最多不过1分钟的时间！

总而言之，如果有什么不愉快的事情发生了，你必须知道该如何走进自己的内心，去聆听你心中的真实想法，如何把你脑袋里的那些"小嘀咕"抑制住，用精神胜利法和自己展开对话。这种技巧对任一水平的商业销售都能产生至关重要的影响。关键要拥有对待生活的必胜心态！要懂得享受逆境。

三、为每一次成功喝彩

在胜利的曙光出现时,或者在你发现任何好的势头时,都要对成功作出反应,而这种反应是一个两步走的重要过程。首先,你必须为胜利者喝彩!锁定胜利者,用一些我们最熟悉的肢体语言,如击掌、握手、握拳或大喊一声"耶!"来为他喝彩。作为一只销售狗,我建议,当你自己就是胜利者的时候,你至少要拍一下脑袋,或是在月光下大吼一声,从而对自己表示嘉奖。

这些方法能把这一刻深深地印在你的脑海里、心灵深处和身体里,并赋予你无穷的力量。铭记这一刻将为你完成下一个任务积攒动力。多年以来,我目睹了许多个人和团体发生的显著转变,目睹了许多任务在执行过程中出现了转机,而这一切都归功于对成功不断的认可和喝彩。

如果你曾经看过电视上的体育比赛,或者亲自参加过体育比赛,就会明白并且承认,喝彩是比赛中不可或缺的一部分。每当一个球员得分时,当他向前突破了几米时,当他有了精彩表现时,当他击球成功或接球成功时,大家都会在他背上拍一巴掌,或者在他

脑袋上撞一下（不建议采取这种方式），或者以别的方式对他的贡献表示认可。在NBA比赛中，若不是大家不停地击掌鼓励，没有哪个球员能有出色的表现。同样，也正是为了得到认可，他们才会全力以赴争取取得好成绩。在所有技巧中，这个招数可能是最有威力的，但也是成年人最少采用的，因为成年人会为此感到不好意思，觉得这种行为太孩子气，或者太没水准了。

几年前，我曾经和一家海外的酒店合作。这是一家很好的酒店，员工有好几百名。我和各个部门的主管人员合作，教他们养成一种为胜利喝彩的习惯——不仅仅为他们自己取得的胜利喝彩，还要为他们手下员工取得的胜利而喝彩。这可不是一件容易的事情，因为在亚洲许多地区，这样的喝彩和当地的文化传统格格不入。但是经过几个月的培训后，这种新的习惯终于在那里扎了根。

整个员工群体逐渐克服了固有的含蓄的表达习惯，同时，酒店也渐渐清楚地看到了这种变化带来的成效。整个酒店变成了一台造钱的销售机器。他们拧成一股绳，汇聚在一起的精力空前旺盛，在最近一次的亚洲经济衰退中，该地区大部分酒店的入住率都徘徊在40%～50%之间，而他们的入住率却高达90%以上。他们齐心协力，坚信酒店中的每一个人都对效益负有责任。事实上，这其中大部分的功劳都要归于保洁部门的同事们！他们之所以能有如此成功的转变，直接原因就是能够不断地认可各人出色的表现，并为成功热情喝彩，当然还有酒店上下更高的职业道德水准和无处不在的快乐心态。

你看，我们都知道如何去做。年轻的时候都这样做过，我们在打比赛的时候也是这样做的。当我们还是孩子的时候，不管做什么事情，都与生俱来地想要坚持、询问、享受其中的乐趣。

我认为我们生来都是完美的销售狗。但是后来，我们渐渐改变了，开始说一些诸如"问人家是不礼貌的"或者"别傻了""别去烦人家了""坐那儿安静一会儿吧"之类的话。我们所有下意识的行为，比如和陌生人说话或者随心所欲地大喊大叫，都在我们融入社会环境的过程中渐渐地被抛弃了。

最近我遇到一位女士，她告诉我，不久前她到5岁女儿的学校参加了一次家长见面会，老师说她女儿在学校总体表现还不错，只不过"过于自负了"。你能想象一个5岁女孩竟然被指责过于自负吗？

我们就是这样遭到指责、接受惩罚、被讥笑、被忽视，于是我们被推回来，被纳入了一个"严肃认真"的体系——在商界尤其如此。

狗为了让你在它耳后轻轻爱抚，会放弃骨头、食物以及所有的玩具。你若是对它们给予更多的认可，它们就会特别兴奋。小孩子也是一样。一切都没有改变，唯一改变的事实是我们已经长大成人，但我们的大脑和心灵还是跟小时候一模一样。

对大部分人来说，这种喝彩的技巧很陌生，但对业绩突出的人来说，这简直是他们的第二本能。同样，这也要求人们对内心的"小嘀咕"加以节制，让自己与内心的对话朝着正确的方向发展。记住，你对自己说的话是否正确完全无关紧要！你的身体或意识都不会因此而受到影响！对自己说出积极的话，才能让积极性渗透到你全身各处，从而为你接受这个积极的事实。

而对待成功和对待失败的态度则完全相反。如果有好事发生，比如一个目标客户同意和你见面，或你从顾客那里得到了积极的回应，那你不仅应该像我刚才所说的那样为自己喝彩，而且要真正地把它化为你可以利用的动力，在属于你的午餐时间里把自己当成一个英雄！

告诉自己，这一次成功会让你整个星期都交好运。你会看到，这次小小的事件能使你生活中的每一件事情都变得得心应手。

最后，还有重要的一点，就是你要把它主观化。告诉自己之所以能成功，都是你的功劳，都是你争取来的，都是你努力获得的，你很聪明，对所有事情都了如指掌！明白了吗？你的精力和动力将实现空前的突破，而所有的销售狗都明白，精力越旺盛，下一次就越有可能取得更大的成功。

你可能还没有意识到这些，但实际上你早就知道了该如何去做，因为你在对待孩子、宠物，以及对待生活中的其他事情时经常是这么做的。当你的孩子还很小时，你难道不是对他们取得的所有进步都大大地赞美一番吗？当你的孩子能站起来，哪怕是一眨眼都不到的工夫，在你看来，这一刹那是不是像拿了奥运金牌一样光荣？你要是打过高尔夫的话，对这些也不会陌生。试想，当你沮丧到了极点，正准备把球杆扔到湖里时，却突然击出了一杆笔直的好球，离球洞的距离不到一米，或者打出十几米的一击，比标准杆少一杆入洞，那你会怎么样？一定会紧握拳头，像泰格·伍兹一样

"噢"地大吼一声，刚才的沮丧也全都烟消云散了。

想想要是你能这样看待整个生活的话，将会是怎样一番情景！你的精力和你取得的成绩将会让人难以置信。问题在于，有的人甚至已取得胜利的时候也会灭自己的威风。他们在打出那一杆球后，会对自己说："之前那次更幸运呢。"如果他们打了一次成功的促销电话，他们会说："并不是每个人全都喜欢我，真是太可惜了。"这样的话无异于往自己的心上戳了一刀，对你的情绪和业绩都将产生不利的影响。从现在开始，做一个精神上的大英雄吧。

献给经理人的骨头：你手下那群销售狗同样需要你为他们的成功喝彩！事实上，销售狗越是聪明好斗，你就越要用盛赞包围他们，确保他们能有更好的表现。如果你忽视了他们的成功，或者只是因为他们不好的行为一味地责备他们，你的销售狗就会变得刻薄、恶毒，甚至某一天会对你发起攻击。你必须及时、不断地为他们的胜利喝彩，这样才能使他们成长为了不起的猎手和销售冠军。

当我们长大成人，开始工作并进入创业阶段时，喝彩却不知为何就被看成一种极其幼稚的行为。

事实上，我们得到的教诲是不要推销，不要询问。我们被要求努力工作、听话、循规蹈矩，等待某人认可我们的努力，扔一些残渣剩饭给我们。我们被告知："好运气只青睐那些耐心等待的人。"我们学会了接受，而不是去反对；学会了回答，而不是去询问；学会了接受今生的命运，而不是努力与命运抗争。我们任人摆布，被扭曲着强行塞进一个钉好的盒子里，默默无闻地生存下去，直至死亡。我们的地位取决于我们回答问题的能力，而不是提问的能力，而且我们在回答问题的时候是万万不可出错的！

> **摘 要**
>
> 　　成功是你所拥有的最宝贵的东西。大多数人在头脑中会很自然地把成功大事化小、小事化了，这种做法无疑扼杀了热情和精力！所以，关键要学会如何找到成功的果实，把它们抓在手里，变成自己的财产和优势，然后把它们保存在记忆中，为下一次的大行动积蓄力量！

　　我坚信，每一个人都有推销的天赋。每一个孩子都会推销，你也会推销，我们生来都会推销。有的人相对而言需要学习更多的技巧，有的人则需要一种全新的心态，有的已经兴致勃勃地四处打猎了。下一次如果你的孩子又缠着你要东西，不要对他们说"想都别想"，与此相反，让他们向你至少提出3个很有说服力的理由，说服你为什么应该答应他们。当你看到孩子瞪大了眼睛仰望天空，思索解决这个问题的办法时，你应该窃喜，认识到对孩子的这种训练将为他们的未来打下很好的基础，让孩子有能力去争取一种充满爱、快乐和财富的人生。这些正是他们与生俱来的权利与命运。

　　因此，要喝彩、喝彩、再喝彩。顺便说一句，狗不需要通过派对或升职去感受别人的认可或喝彩，你只要拍一拍它，轻轻抚摸一会儿，或在它脖子上挠几下就行了。

四、发挥个人的意志力

掌握这个技巧对创建一支强有力的销售队伍或机构来说,是非常关键的。同时,这也是减少工作压力、赢得个人财富的秘诀。学会如何发挥你的意志力,如何掌控你和他人的行为,将决定你最终得到的是沮丧还是财富。

让我以狗为例来解释这一切。当一只狗冲出去追赶一只麻雀、一只猫或一个球的时候,它头脑中唯一的想法就是抓住它!当狗来到你面前,耷拉着舌头,在你的鞋面上流口水时,它全部的注意力都集中在争取你的宠爱上。这是毫无疑问的,这就是它的企图和意志。如果你是一只销售狗,认为自己一定会让每一个遇到你的人都为你的魅力而倾倒,那你很可能会比自己想象中发挥得还要好。反之,如果你认为自己会让目标客户望而生厌,或者认为自己令人讨厌,那你很可能真的会变成这样!这就是意志的力量。

你要学习如何发挥期待和意志的力量,这可以决定你最终得到的是财富还是贫困。换句话说,你期待你的下一次演说得到怎样的回应?他们会认为你是个笨拙的新手吗?他们会认为你真的能帮助他们找到解决问题的新办法吗?他们会喜欢你还是讨厌你、会认为你是个烦人的家伙吗?你认为他们会怎样认为?你对此抱有怎样的期待?

调查显示,你所预期的结果很可能在一切还没有发生的时候,就决定了最终出现怎样的结果!如果你认为你的一次推销电话会让对方厌烦,那么你的想法很可能是对的。反之,如果你认为自己会成为一个受人欢迎的信息员,能给客户提供至关重要的信息,那你的想法也很可能会变成现实。你的自我意识将预先决定你的行为结果。

前不久，我的儿子本杰明（当时4岁）遇到了一件让他很为难的事情。我们当时在新加坡旅行，住在城里的一家服务设施齐全的公寓楼里。我们在那儿住过好几次，因为它的室外活动场地比较大，还有一个大游泳池。另外，那里总有许多小孩，本可以和他们一起玩耍。

这个地方还有一个游戏室，里面有一张台球桌。本特别喜欢不用球杆，用手把台球滚来滚去地玩。在台球桌上玩，需要付两枚面值1元的新加坡币，本对这个规矩很清楚。那天，他帮人家摆放台球、清理桌子，挣了两元。他很兴奋，因为有了这些钱他就可以去玩台球了。

在去台球室之前，我们在楼下的游泳池边晒了晒太阳，活动了一会儿筋骨。接下来发生的事情让我发现，本就像一只典型的销售狗。当时，他看到附近有一台饮料售卖机，就跑过去买了一罐雪碧和一罐可乐。他对自己买来的东西很满意，拿着这两罐饮料高高兴兴地跑回到我和妻子艾琳的身边。

可我们对他说，他已经把原本用来打台球的钱买饮料了。经过了一番只有做父母的人才能听明白的、错综复杂的讨论后，他终于意识到自己要面对两个选择——两罐饮料和打台球，前者和他酷爱的台球一比，马上就失去了吸引力。不一会儿，我突然听到一声巨大的撞击声，原来是本在试图把两罐饮料塞到机器里，想把钱拿回来！

我们让他冷静点，告诉他现在唯一的办法就是把饮料换成钱。他听后马上来了精神，你可以看到他那蓝色的大眼睛开始像雷达一样搜索着周围的区域——一对年轻的伴侣就在游泳池边，锁定、瞄准！

他们逃不掉了！我直到今天都怀疑那两个人是否会讲英语！总之，本跑到他们面前，把饮料罐放下来，接着就开始了他的推销。

我什么都听不到，因为离得太远了，但是我看到的一切让我目瞪口呆。他们显然弄明白了他是在提供饮料，而且是要拿饮料换钱。而且通过本的手势，我看出他还在解释自己为什么需要这份钱。起初，那两个人摇了摇头，但是本要卖出饮料的意志非常坚定，令他们无法拒绝。

他看起来既没有畏惧和犹豫，也并不担心别人会觉得自己傻，他有的只是一定要把饮料卖出去的简单意愿。我远远地看着，不禁哑然失笑。多棒的一只销售狗啊！本的坚定让人无法拒绝。终于，我看到那两个人把两枚珍贵的硬币递给了他，我简直不敢相信自己的眼睛，同时内心又感到非常骄傲。本甚至还主动给他们打开了饮料罐，这样他们就可以马上享用了（颇有点金毛猎狗的风范）。

本拿着硬币，蹦蹦跳跳地跑了回来，很高兴地把他的战绩讲给我们听，而他身后的那两位顾客正开心地喝着饮料呢。

这就是意志！他丝毫不怀疑自己能够将东西卖出去。

这件事情已经过去好几个月了，如今本仍然自信满满。他将坚持、坚持、再坚持，因为他知道自己迟早能找出我们的弱点，而我们迟早会答应他的请求。所有的孩子都是天生的销售狗。

献给经理人的骨头：个人期待与他人意图

你对自己手下的狗抱有怎样的期待？不管你是否有所表露，这种期待都会以某种形式表现出来。你对一个人的表现抱有怎样的判断与期待，也将预先决定这个人取得怎样的成绩。如果你把手下的销售狗按照获胜的潜力从1到10依次排名，结果会如何？如果你把某人排在第三或是第四位，就意味着你已经在某种意义上把他预先锁定在这样一个水平上了。这会从你的管理方式和态度上表露出来，也会在他们取得的成绩上反映出来。

不幸的是，我们当中的很多人在学校里都有过类似的经历。老师在我们头上逐个贴上了看不见的名次标签。你头上贴着的名次是多少？你相信这个评价吗？你认为自己的名次又是多少呢？它现在还对你有帮助或者会伤害到你吗？一只销售狗的表现很少能超越主人的期待值。所以要留意你对他人的判断和期待。

我在空运公司工作期间，手下有一个推销员，长期以来，厂家和其他熟人大多认为他是一个让人头疼的家伙。但是他和我的关系非常好，而且在很短的时间内，他在我们面临的竞争最激烈、任务最艰巨的一个城市里取得了销售额翻一番的好成绩。我一直对他说，我知道他会取得成功，甚至在他哀号的时候，我也是这样评价他。过了一阵子，他的抱怨消失了，取而代之的是欢呼和喝彩的尖叫声，总能见他取得一个又一个的小胜利，喜讯不断。

这是一个很简单的例子，通过这个例子，我们可以看出一名优秀的驯狗师会对销售狗产生怎样的影响。上文提到的那只销售狗曾因为某些行为举止方面的问题，使很多人疏远了他。他做的每一件工作都表现平平。他从一个工作岗位转换到另一个工作岗位，成为谁见了都头疼的人。

我成为他的上司之后，立即对他展开了全面的再教育。我们首先认定了他是一只喋喋不休的吉娃娃，他的尖叫把所有人都惹烦了；接下来，我们训练他掌握金毛猎狗和巴吉度的技巧和本领。他有着吉娃娃与生俱来的敏捷思维，如今再加上温文尔雅的谈吐以及对客户服务的投入，他最终成了该地区最富有的推销员。我们为他取得的成绩喝彩，对他付出的努力表示认可，而且我还告诉他，我知道他能赚到大把的钞票。换句话说，即使别人塞给他一份报纸让他另谋高就，我依然信任他的能力，而这种信任的结果不言自明。

献给经理人的精华骨头

正如你的意志会影响到你的销售业绩一样，你对手下的销售狗的判断与期待也将或阻碍或促进他们取得非凡的业绩。你对他人、对自己和自己所采取的行动都抱有一定的期待。如果是对他人的期待，那么你的期待值将会悬挂在那个人的额头前方，而且会在很大程度上决定他将取得的成绩。作为一名驯狗师，最重要的就是不能让前任经理对他们的负面评价影响你对他们的判断。一些最不得志的狗最终却成长为最好的猎手，原因就是它们的新主人或新驯狗师对它们寄予了全新的期待，并让它们对自己产生了一个全新的认识。如果你把它们看成是冠军，它们就必然会实现你的期望，成为真正的冠军。

第11章
狩猎训练
——销售狗取得成功的五大技巧

多年来，有一个经典的论题总能在销售会议上激起热烈的辩论，或在公司饮水机旁引发热议，也曾经无数次激发了人们的灵感，而在这些灵感的作用下，大量的图书纷纷面世。这个论题就是："伟大的销售人员究竟是天生的，还是后天培养出来的？"

有一种观点认为，如果你在拨打推销电话或面对他人的拒绝时缺乏足够的自信，那你在这一行就走不了多远。另一种观点则认为，每个人都能推销某种产品，这完全取决于你是怎样一个人，你可能擅长推销某些东西，而对推销另一些东西则缺乏天分。

这场辩论的历史和销售行业的历史一样悠久。而我的看法则是：每一个孩子来到这个世界时都学会了如何去索取他想得到和需要的东西，起初仅仅是为了生存，后来则是向他人索要爱、关怀和拥抱，再后来，他们会提出要玩牌、玩电子游戏，或在周六晚上用车！

每一个孩子都会推销，你也不例外，我们都生来就会推销。我相信每一个人都有推销的天分。

然而在后来的岁月里，我们要不断地适应周边的环境，不断地经历生活的艰辛，在这个过程中，我们逐渐丧失了销售的天分。有的人缺乏最基本的决策力，不懂得说"不"，而我们大多数人都受到了这些人的影响，认为销售是万恶的。这些人害怕被人操纵和利用，所以他们把每一个敢于从事销售行业的人都想象成贪财、道德败坏的大骗子！

对于"我们是否生来就会销售"这个问题，大家回答起来也会受到同样的影响。我相信我们天生都是了不起的推销员，但是，我们长大成人后便逐渐丧失了这种天赋，我们当中有太多的人一定是压抑了这种潜意识中原本具备的才能。

也许确实不是每一个人都能够推销每一种东西，不是每一个人都能推销投资项目或商用机器，但是根据你所属的销售狗品种，一定有某些东西是你能够推销的。

现在，你了解了自己所属的品种，知道了如何去识别其他人分别属于什么品种，也知道了如果想要避免麻烦并赚到钱应该遵循哪些原则。那么你就已经准备好进入个人发展的下一个环节了。

要想成为你理应成为的最高荣誉的获得者，你必须掌握能使销售狗取得成功的几项基本技巧。

一只小狗如果不能完成基本动作，如坐下、原地待命、打滚、接受指令、搜索或装死，就无法得到任何人的认可。销售狗也是一样。

对所有的销售狗而言，若想成为一名了不起的猎手，就必须掌握以下5个方面的技巧：

1. 掌握推荐的艺术。
2. 发表有说服力的演讲。
3. 激发为他人服务的欲望。
4. 把握个人市场营销与销售公式之间的关系。
5. 掌握应对批评或拒绝的技巧。

好的销售狗不仅身体强壮、有责任心，最重要的是能够"像狗一样简单地看待"一切事情。记住，即使是一只绝顶聪明的狗，其智商也只相当于一个 5 岁的小孩。5 岁小孩在玩游戏时可不费什么心思！销售狗的那些小技巧和儿童游戏一样简单，最终却能成就非凡的业绩。

换句话说，销售绝对不是航天科学那样高深的学问！

一、掌握推荐的艺术

人们之所以害怕推销，头号原因便是害怕打陌生拜访电话，那何不就此避免呢？

丹·肯尼迪是上个时代一流的营销人员之一，他曾就这个专题出版了 6 本书。他有句话说得很好："人家为什么想和一个根本就不认识的人说话呢？"

狗相当会察言观色，大概用不了 10 秒钟的时间，它就能分辨出对方是敌是友。一旦它嗅到了一丝臭味相投的气息，尾巴就会开始摇起来，口水也流了下来，而且它会马上向这个新认识的朋友凑过去，希望得到一点爱抚！

狗在想和人亲近时是不会去等待一份正式的邀请的——它们随时随地都在结交新朋友。不过，了不起的销售狗非常擅长通过别人介绍结交新朋友。

狮子狗能够在各种聚会上与人闲谈，完全凭借直觉来建立人际关系网；比特狗能够在市场上扮演敢死队队员，向任何目标发起轰炸和阻截；其他品种的狗在涉及微妙的推荐艺术时表现得都比较含蓄。共有 4 种推荐方式，第一种是最好的。以下列举的推荐方式是按照其优劣性从高到低排列的：

1. 朋友让目标客户给你打电话——狮子狗的魅力所在。

2. 朋友告诉目标客户，你会给他打电话——金毛猎狗会觉得这种方式比较轻松。

3. 朋友告诉你该给谁打电话，并允许你告诉对方是他建议你打这个电话的——巴吉度猎狗和吉娃娃会觉得这样比较舒服。

4. 朋友给你一个名字，仅仅是一个名字！——这对比特狗来说就足够了。

  这种介绍关键要包括针对个人的认可，即对你的积极的评价，而不仅仅是对你提供的产品或服务作出积极的评价。这种介绍不必像论文一样高深，也不必像人物传记一般详细，只要为你说句好话就行了！"约翰是个好人。""你应该听听莎莉怎么说，她对自己的业务真的很在行。""我信任保罗，他很坦率。"

  类似的简单一句话往往能起到非常关键的作用，因为它能让对方觉得你值得信任，并且一开始就对你心存尊重。推荐能否成功，秘密就在于此，就像松糕里的发酵因子一样，没有它们，推荐照样行得通，但是效果就大打折扣了。

  基本上，人们总是愿意和自己喜欢和信任的人做生意，产品或服务往往被摆在第二位。如果你已经预先被定位在"喜欢的"和"信任的"一类人当中，那你成功的几率就会大大提高。你不再是那只摇尾乞怜的狗或那个让人望而生厌的讨厌鬼了，你已经成了一只有着高贵血统的销售狗，接听你的电话已经成了一件有价值的事情，而听你说话也有了独特的意义！

  我有一个朋友在房地产行业工作。他找到了一些低于市价的房产，准备把它们重新推向市场以赚取利润，而这么做需要注入大笔的资金，否则就无法买进这些房产。据我判断，迄今为止他从来就没有为此印制过手册、打过推销电话，甚至都没有在报纸或杂志上刊登过广告。

他另有绝招，那就是他手中的投资商名单，这些人都是他多年来经人介绍而结交的。他根本不用去接近素不相识的冷面孔，就把这个项目卖给了投资商。他们夫妻俩非常富有，与几个孩子住在一起，有一个非常漂亮的大房子。他们的成功和业务完全建立在熟人推荐的基础上。

我一年单从演讲和培训费用上就可以收入几十万美元，而这些业务中有90%是经人推荐获得的。我在广告和促销上投入了上万美元，可是和我的另一种投资相比，这项投资的回报可不怎么样。这里所谓的另一种投资，就是确保我现有的客户对他们的培训结果感到满意。

实际上，最有说服力的推荐人就是你自己的声誉。你的声誉好坏是不言自明的。

在你现有的客户身上投入一些时间，这种做法的回报率要比其他的方式高出10倍。要经常和老客户沟通，确保他们对你的服务感

到满意，确保一切运行正常，这样你得到的推荐才能如滚雪球一般越滚越大，直到你的业务多得接不过来。

没有哪个成功的网络营销从业人员不清楚推荐的重要性。如果你能够为他人提供培训、辅导和鼓励，让对方的钱包鼓起来，客户自然会找上门来。

我有一个非常好的朋友，他通过网络营销推销一套教育项目。他提供的培训是当地最好的，因此赢得了极高的声誉，结果客户蜂拥而至。大家都知道他能给自己提供必要的工具，帮助自己获取财富，不仅是经济上的财富，还有情感和精神上的财富。他的业务空前发展，注册客户以每月上千名的速度不断递增！

推荐与见证

对那些身体里流着比特狗血液的推销员来说，如果打定主意要去缠住某个人，那么要保证他还不是目标客户。他还不认识你，即使有人为你推荐，不出多久，推荐带给你的优势也会被你没完没了的骚扰所抵消，结果你会和其他狗一样，又成了惹人生厌的食腐动物。

不要这样做，相反，你应该去缠住那个承诺要帮你推荐的人，因为他已经和目标客户建立了亲密的关系，并且他也认识你，如果幸运的话，他没准还很喜欢你呢！另外，既然他已经答应推荐你了，就会觉得有义务履行诺言。

你要时不时地提醒他，告诉他如果他能推荐你，你会多么感激他。你可以看似很随意地督促他——"你给某某打电话了吗？""要不我把他的电话号码给你，你给他打电话？""我不想直接给他打电话，除非我知道你已经和他通过电话了。"

作为一只销售狗，你要养成一种请人推荐和寻找推荐人的习惯，这样你就再也不用向陌生人推销了。但是你要记住，寻求帮助和纠缠不清只是一线之差。你要悉心经营自己的推荐渠道,细水长流,小心不要污染了水源。如果他们觉得你讨厌,又怎么会把你推荐给他们的朋友呢?

不过,销售狗培训中的一个亮点是,一旦你能熟练地辨别出人们所属的品种,就能利用这一信息来促进你与他人之间的交流,用让他们受用的语言来打动他们。

例如,假设你有个客户叫约翰,是一只狮子狗,你想让他把你推荐给一个新的目标客户——史蒂夫。那你要提醒约翰,如果他给史蒂夫提出这样的建议,史蒂夫会对他如何地心怀感激,而且还会因此在将来的某个时候与他建立起绝佳的商务关系。

相反,如果约翰是一只吉娃娃,那上述方法就无法激发他的热情了。这时候,你需要利用他的求知欲。告诉约翰,从一个用户的角度来说,史蒂夫确实需要了解你提供的产品或服务的特点和用途,而且据你所知,没有什么人比约翰更在行了。你要请约翰来帮助史蒂夫找到一种绝佳的产品,而这种产品对史蒂夫的业务绝对有帮助。如此一来,约翰就会渐渐地感到自己俨然是一名专家了。

一旦你认定了人们的性格与哪种类型的狗相吻合,就可以按下针对他们设计的按键了。这将带来一个三方共赢的结果:你赢了,因为你得到了推荐;接受推荐的目标客户赢了,因为你将为他提供有价值的产品、服务和帮助;推荐你的老客户赢了,因为他在作推荐的过程中拥有了良好的自我感觉。

如果你的客户为你作的推荐卓有成效,你也应该给他一份切实的回报。这份回报可以是一张简单的致谢卡、一束鲜花、一本书或者一顿丰盛的午餐。而你能给出的最好回报就是像他一样把他的业务推荐给一个好客户。

如果你刚刚起步,有时可能很难通过推荐找到好客户。这时,你需要发掘一下自己最近的资源,顺藤摸瓜。让你的老客户、朋友或熟人给你写一些热情洋溢的推荐信，在信中对你表示认可并给予支持。

如果他们实在很忙，你可以自己把推荐信写好，请他们过目，然后请他们签名。接下来，当你想联系一个新客户时，就把这些推荐信各复印一份，给他们寄去作为个人介绍。如果可能的话，选出一些将来有可能和这个新客户有业务往来的人，请他们给你签发推荐信——比如由经营相同或相关行业的人来签发推荐信。虽然你并不是由他认识的人推荐的，但你是由你认识的人推荐来的，这也会增加你此次推销的可信度，而且能证明你已经为类似的人提供了良好的帮助。

不过你要小心，推荐信如果利用不当，反而有可能损害你的形象。几年前，我和妻子想买辆新车，于是来到了所在地区的宝马汽车经销商那里。推销员很快拿出了一本厚厚的笔记本，上面都是他自己及其公司的推荐信。他把本子就那么往桌上一扔，说："这是我的顾客对我的评价。"我和妻子相视而笑，心想这本子里可能永远也不会有我们给他写的推荐信了。他不该这样使用自己的推荐信。

另外极其重要的一点是，你要为接受推荐的人提供更深一层的服务与承诺。这对金毛猎狗而言是自然而然的事情，然而对比特狗来说就是很大的挑战了。如果你的一个客户或朋友把你推荐给了某个人，你必须确保和目标客户进行愉快地合作。这种情况不适合采取强硬的推销手段或给对方施压，否则对方会很快把压力转给当初推荐你的人，而这个人以后再也不会把你推荐给任何人了。

相反，如果你提供了一个出色的方案，能满足由别人推荐给你的目标客户的需求，那你很可能最后又得到了一个重要的推荐人，他能够把你推荐给更多的客户。而此时，推荐信的作用就显得举足轻重了。"我经人推荐找到了他，这是我所碰到的最幸运的事情之一。我强烈建议你也去找找他。"

你在向这个目标客户推销时又能有多大难度呢?把笔递给他,接下来只用看着他签支票就好了。事实上,人们并不愿意浪费时间四处采购,也不愿意在一大堆的促销活动前挑挑拣拣。他们宁愿通过朋友推荐,让朋友帮自己找到一种产品或值得信赖的解决方案。当他们开始和你交谈的时候,你就已经打破了那层怀疑与不信任的厚墙壁,而他们也能够清楚地了解你所提供的产品或服务有什么价值。

顺便说一句,有了见证人或推荐信,你就可以打开局面了,不必非得是名门望族的嫡系子孙,也不必非得要具备皇家血统。每一只销售狗都可以拥有属于自己的阳光灿烂的日子。如果过去你曾经给他人带来无尽的喜悦,不妨花一些时间把自己取得的这些战果记录下来。这一点非常重要,不要尘封你曾取得的伟大战果,让你的老客户给你写几份推荐信。你可以经常回忆他们对你的赞美之词,把这些话都写在纸上。许多客户都倾向于你自己起草推荐信,只要你能把写好的信送给他们看一下,让他们在上面签个名就行了。

如果你是个新手,你可以利用你所在的公司、行业、你的销售经理手中的推荐信。虽然这些推荐信的影响力不及针对你个人的那些推荐信,但是它们同样奏效。不过,目标客户也可能根本就不会去读这样的推荐信。

罗伯特·西奥迪尼在他的畅销书《影响力》中曾经提到了影响人们决策的6个基本心理原则,它们是互惠、连贯性、社会认证、喜好、对权威的尊重以及物以稀为贵的心理。

如果你建立了坚实的推荐网络,就自然而然地迎合了上述3个颇具影响力的原则——你证明了其他人认为你是出色的(社会认证),你证明了人们喜欢你(喜好),还证明了你对自己推销的产品很内行(权威)。你手中的资料提升了你的信誉,而且让目标客户在还没有见到你时就认定你是一个有声望的、举足轻重的人物。

不知道该去哪儿找推荐人吗？去问问你手里最好的客户。如果你刚到一个新的销售区域，那就和过去长期合作的客户联系一下，问问他们是否知道有什么人会在你负责的新区域内需要你的服务。你的客户和朋友当中可能有一些交际面甚广的人，他们往往会迫不及待地想把你拉入他们的圈子里来。他们明白这样从零开始的经历，因为他们自己也曾经有过。

记住，销售是一种有关个人能量的商务活动。你构建的网络越多，就越有可能让更多的目标客户主动上门。

骨头：永远别跳到陌生人的身上。和基础销售培训课程中给出的建议恰好相反，我们建议你永远也别让新客户把你推荐给任何人，要等他们对产品或服务非常熟悉，并确认他们感到满意后才可以采取行动。刚开始就让他们把你推荐给别人，很可能会让他们对此次购买行为感到后悔。他们会以为你唯一感兴趣的就是推销，而不是巩固和他们之间的关系。

大骨头：千万不要忽视现有的客户。他们是巨大的资源，能给你带来更高的销售额、更多的推荐渠道。

二、发表有说服力的演讲

众所周知，在人们谈及推销时所面临的十大恐惧中，演讲甚至比死亡的排名还靠前。不过，如果你想当冠军，就必须掌握这种技巧。和生活中的所有事一样，如果你做了别人不能做或不愿做的事情，你得到的回报也将是不可估量的！

我的生活和我赚取的利润都是基于我个人对上述事实的认识。面对100个人讲话所产生的影响，要比单单面对一个人讲话产生的影响大得多，在你介绍产品、服务或商机时尤其如此。今天，在我所从事的教育产业中，在我所达成的商品交易中，有90%都是在我发表讲话或举办座谈时通过与众人交流而获得的。

我当年推销电脑时，是所在地区举办座谈最多的一个推销员，同时也是销售额最高的推销员。我很少上门推销，而是通过信笺、传真和报纸广告宣传我个人举办的"让你耳目一新的免费一小时座谈"，通过座谈来进行推销。这样，所有的与会者就会知道我是谁了，然后我才会给他们打电话。

更重要的一点是，因为我是发言人，我在他们眼中就成了一名专家，而我的建议就会更有分量。

这种产品信息、教育机会和免费享受的休闲活动，会让与会者感到非常有价值，而且也使我在此后不管做什么，都具备了一定的信誉和权威性。

了解如何做好销售对你来说非常关键，否则你就会变成另一只流浪狗，在深夜里哀嚎。良种狗能将猎物吸引过来，然后用魅力、心思和力量将其收入囊中。

有的销售狗看到这里就打起了退堂鼓："哦，我就是不会在人群面前讲话。"我对这种话的回答是："那就马上去学！"擅长演讲是你所能拥有的最有用的销售工具。如果你无视它的作用，你的收入就会受到影响。另外，如果你是一只真正的销售狗，一旦你学会了销售狗的讲话方法，一定会为之狂热！这一点我可以保证。

在众人面前满怀自信地谈笑风生，不仅能帮助你树立自信心，还能使你成为一名公认的权威人士和领导者。你会成为一个人人都愿意找你说话的人，因为你是专家，你是那个能为他们答疑解惑的人。领导者拥有权威,不管他是不是一个真正出色的领导者。当你接近一个目标客户时,一定要认识到这一事实,这种认识具有极高的价值。

遗憾的是,大多数人在演讲和陈述时要么是喋喋不休的吉娃娃,满嘴蹦豆子似的全是"比特"和"字节"等术语,要么就是说起话来枯燥无味、颠三倒四、唆个没完的巴吉度,再或者就像一只自我陶醉的狮子狗,卖弄着自己的可爱和小聪明。大多数目标客户不出片刻就会感到乏味,用不了几分钟就会走神。要想成为一个出色的演讲者,你必须掌握多种技巧,从每一个品种的销售狗那里学习他们最出色的本领。你还必须学习重要的谈话技巧,以抓住自己的听众。

有人说,你只要让15%的听众产生兴趣就可以了。胡扯!你的目标应该是每一次都能吸引100%的听众,让在座的每一个人都有兴趣和你进一步交流,都愿意从你这里订购产品或服务,都希望从你

这里获取更多的信息。或者，你的演讲至少要能激发他们的兴致。

以下就是你需要做到的事情：

赢得听众

你是谁？你为什么会和别人不一样？要想让演讲生动、有吸引力，关键要学会如何迅速、轻松并毫不迟疑地赢得信任。有时候，深入发掘一下你的过去就能够找到宝藏，让所有的听众心里对你产生信心与尊重。你曾经的成功经验可以告诉人们，你对正在谈论的主题非常内行，绝非吹牛。

寻求回应，而不是一味灌输

我的一个朋友有句话说得相当好，"销售不是灌输"。大多数演讲者都要花费大量时间向人们灌输自己手头成堆的数据材料，而不是停下来让听众摸清楚资料的来龙去脉，并向他们解释清楚这些资料将给他们带来哪些确切的利益。销售是一门艺术，你要通过提出正确的问题来激发人们的兴趣，引导他们去探讨，与他们建立和谐的关系，并真诚地表示你对目标客户非常在意。而面对一群人完成这些目标，需要采用一种特殊的艺术手法。信不信由你，听众越多，目标越容易达成。

认可他人

发表一场有影响力的演说，关键是要让听众或主动或被动地参与进来。一旦实现了这个目标，你就和听众建立了一种对话关系，可以和他们开始进一步探讨、建立关系并激发他们的兴趣。你必须知道如何以及何时对你的听众表示认可，什么时候请他们给大家讲讲自己的经历，这样做可以在一定程度上提高销售成功的可能性。

如果没有这样的互动，整个演讲和陈述就会变得枯燥无味，变成你一个人自说自话。演讲若是差强人意，听起来就会像是在拉赞助，结果很可能不尽如人意。一次巧妙的、精心准备的演讲和陈述，可以往你的口袋里装进成千上万的钞票。

识别并直面演讲中的冷场

只有自信勇敢的销售狗才能做到这一点，而这么做能使你得到丰厚的回报。你有没有注意到，训练有素的狗在饥饿或是想出去走走的时候，绝对有办法让你明白它们的意图？它们实话实说，并不费什么力气。

出色的演讲者应该能够敏锐地感知房间里的气氛和人们的精神状态。一旦察觉到听众有怀疑、困惑、疑虑或者任何负面情绪，就不应该粉饰太平，而是要马上直接点明问题所在。

"我觉得大家对我所说的仍然有些怀疑。有谁愿意说说，对我刚才提供的信息都有什么想法？"于是，房间里的气氛被调动起来了，而听众那种被晾在一边的感觉也会逐渐消失。这个技巧非常重要，因为你等于是在别人提出质疑之前，自己先把这种反对意见提了出来。有太多的演讲者都错误地逃避这样的交锋，结果却失去了听众。

聆听

对销售行业来说，聆听显然是一种必备的技能，然而只有很少人善于聆听。狗的听觉至少比一个普通人灵敏25倍。小树枝突然断裂的声音、50米开外的一只野兔穿过灌木丛的声音、一扇紧闭着的房门后传来的开罐头的声音，都别想逃过狗的耳朵。销售狗也应该有这样一双耳朵。

在一场演讲中，关键是要从头到尾注意聆听与会者有哪些话要说。在这个过程中，人们自然倾向于尽快揣摩出对方的意图和对方想要提出的问题，然后在心里准备好一个答案。虽然这种能力让人羡慕，而且效率颇高，但这也恰恰是大多数人无法成为好听众的根本原因。当你在心里开始琢磨着如何对答时，你就已经停止了聆听。和狗一样，你的大脑不能在同一时间做太多的工作。当某个人正在讲话的时候，如果你注意听，别去琢磨什么巧妙的应答，就会出现如下两种情况：

第一种情况，你会和正在讲话的人建立起一种不可思议的亲密关系，因为对方能察觉出你在有意无意间都对他的话给予了高度关注。

第二种情况，你将听到一些非常有价值的信息，了解到这个人就当前谈论的话题所产生的想法或关心的一些细节问题。不管是哪种类型的谈话，一个人要发表的最重要的评论总是会出现在他所说的最后几句话当中。如果你心不在焉，就会错过真正的销售机会！在这些重要的反馈当中，你可以了解到对方提供的线索、暗示和内心深处的想法。而正是这些珍贵的东西，能使你为了满足客户的需求而提出具体的问题。聆听还有助于你和对方建立一种彼此更加信任、更加尊重的关系，而这种关系将有利于对方作出积极的购买决定。

提问并恳请对方提问

不管你是在众人面前发表演说，还是一对一地访谈，都必须不停地提问并鼓励对方向你提问。正是这个过程激发了目标客户的兴趣，促使演说者和听众建立起积极的联系，并展开对话。在一场演说之后提出约见或会谈就很容易了，因为这是你们此次对话的自然而然的延续——一个新的章节，而不是一本新书。

把产品特点转化为对具体客户的帮助

每一种基本的销售培训课程都会告诉你，顾客会基于你的产品或服务对他们有何种帮助而作出购买决定。如果产品或服务的特点不能和他们的需求联系起来，那么他们永远不会去购买。

不要把全部时间都放在罗列产品特点和技术术语上。如果你认为所有人都会主动把你力求向他们证实的产品特点和他们的需求联系在一起的话，那你就犯了一个致命的错误。需要由你把二者联系在一起，这是你的工作。你每作出一个声明、每提到一个特点、每阐述一个条目时都必须做到这一点。比如，"这份保险单具有不断升值的潜力。这对你很重要，因为你将来可以从中免税借款，这样你每年就可以少缴税，而你的实际收入不会受任何影响。"

我们开发了一种独特的销售狗演说纲要，在我们的现场座谈会和销售培训工具包中都可以找到它，它针对每种销售狗的主要强项提供具体的技巧和策略。这可能是你所需要的最好的东西了，它能帮助你培养一种能力，在进行销售演说时吸引、激励和鼓动目标客户，让听众对你的表现大为赞叹，并把你当做唯一的采购渠道。我已经亲眼目睹了人们的转变，而这种转变都是因为他们使用了这些新的演说技巧。

另外要记住：你不必急着一口吃成个胖子！可以先从小处着手，逐步磨炼你的技巧。

三、激发为他人服务的欲望

即使是最凶猛的狗，也天生具有为人服务的欲望。让狗来做盲人的助手，或者训练狗协助警察破案，都是明智的选择。经过训练后，狗可以用来搜救落难的游人、寻找遗失物品、传递重要信笺，甚至去安慰老弱病残。狗对主人忠心耿耿，这与它们所受的训练有一定关系，但更重要的原因是，它们生来就有一种服务他人、取悦他人的欲望。

比特狗、小猎犬以及其他实干型的狗，他们的强项是拓展新的领地，探索全新的、有未知危险的疆域。而金毛猎狗的强项看似简单，却很有威力——它天生有一种取悦主人的强烈欲望。金毛猎狗销售狗会把高水平的服务奉献给他们的客户和目标客户，不惜一切代价为他们的客户提供最诚挚的服务，这种热情让目标客户很难对他们说"不"。比特狗的交易可以说是抢来的，而金毛猎狗的工作方式则完全不同，在某种程度上，他们的客户会觉得自己有责任把订单交到他们手上。

金毛猎狗和大部分狗都知道，忠诚是有回报的。狗以其对主人的赤胆忠心而著称。我们都听过许多故事，讲述这些犬类朋友如何保护老人、抢救小孩，有时候甚至为挽救主人的生命而不惜牺牲自己的生命。

这种取悦他人、服务于他人以及保护他人的欲望，是每一个伟大的犬类朋友与生俱来的。销售狗要想取得惊人的成功，就要学会伸着舌头低声哀诉，还要有足够的耐心气喘吁吁地在一旁等待下一次可能出现的、为目标客户服务的机会。

我有一个很成功的朋友在丹佛做房地产经纪人，他曾经说过这样一番话：

> 我之所以关注客户服务，主要有如下几个方面的原因：首先，我需要找到自己的突破口。我不是"擅长电话推销和在气势上压倒对方"那种类型的房地产经纪人，所以我在首次购房者身上下了很大的工夫，在他们面前做个金毛猎狗对我来说很轻松。我发现，大部分买房者、卖房者对房屋买卖的程序都几乎一无所知。许多经纪人只要把房子卖出去，就再也不愿意理

睬其他事情。然而我发现，如果我关注客户服务，就会有更多的途径与老客户保持联系，这样他们就会把我推荐给更多的人。

比如，我会给他们送去成交文件的复印件（省得他们费力地到处找这些文件），方便他们在办理税务问题时把这些文件交给会计师。我还为买房者和卖房者各准备了一个手册。上面有我办公室的照片和简介、贷方信息、我的个人介绍和联系方式，以及营销技巧、我的客户服务书面纲要、合同复印件、纯费用账单、房屋购买或销售程序，等等。我发现买房者似乎都非常喜欢这个手册，每次我们碰面的时候，他们都把它带在身上。我想，总的来说，我愿意和老客户保持联系，而且能通过他们揽到更多生意。大多数客户都会对我说，我更像是他们的一个朋友。

需要声明的是，这位朋友正是一个非常成功的金毛猎狗销售狗。

销售需要你花费一定的时间和精力，去发现别人真正需要的是什么，然后再想办法来满足这种需要。我认识许多曾一度成就非凡的推销员，他们拥有出色的销售技巧，对产品和行业了如指掌，最初的销售额也非常高，但是后来却失败了，因为他们拿到订单后就不再过问了，也不再继续提供服务。随着销售额的下降，他们开始变得垂头丧气、无精打采。可悲的是，他们没有去改正自身存在的问题，而是转而去寻找其他公司或产品，或者干脆前往另一个销售领域，结果只不过是重复这种坐过山车一样的经历，最终的结局仍然令人心痛。对纯种比特狗来说，这是他们面临的最大的风险之一。这些斗士们很难意识到，销售本身只不过是个开始，而绝非客户关系的终结。

我记得有个叫弗雷德的家伙，他非常有抱负，也非常聪明，有本事迷倒所有人。他给一家很有名的大公司推销保险，第一年他打

破了公司的销售纪录，他简直是太棒了！

但不知为什么，到了第二年，他的销售业绩一直徘徊不前，接着就开始直线下滑。他努力扭转颓势，使出了浑身解数，花费了大量的时间，但似乎再也无法重振雄风。在此期间，其他人都从老客户手里拿到了数额越来越大的保单，而他却没有从老客户那里接到过任何业务。他对自己的处境非常沮丧，他认定问题出在保险行业上，于是决定换一个行业，以为这样就可以再创辉煌。

在一个好朋友的帮助下，他得到了一个非常抢手的网络营销机会。他的销售额和往常一样再次出现了飞跃，但是几个月后，他的销售额又开始停滞不前。不过这一次，他的主管花费了一些时间来用心观察他，并对他作出了相应的指导。

主管问他："你在现有的客户身上一般投入多少时间？"弗雷德的回答很具有代表性，他说："我投入了足够的时间，让他们对这个项目有了充分的了解，然后我就去寻找更多的新客户了。"弗雷德的问题在于他把销售重点完全放在了推销上。他最关心的是能卖出去多少、卖得有多快。

他很少抽时间去关照那些曾经接受了他的推销的人，他在从事保险行业的时候也存在同样的问题。事实上，他回顾在这两个行业中的经历时，连自己都几乎已经记不起那些客户为什么会接受推销了。

弗雷德很幸运，因为他的主管恰好是一位非常出色的驯狗师。他派给了弗雷德一个任务：回去和每一个曾经从他手中买过保险的客户谈谈，和每一个购买过他所推销的产品的人谈谈，问问他们当初为何接受了他的推销，他们认为产品具有怎样的价值。弗雷德听后很生气。"这样会没完没了的！我要是只做这些，就永远别想再拿到新的订单了！"不过，最终他还是妥协了。

几个星期之后，他又坐到了主管面前，不过这一次可是夹着尾巴毕恭毕敬的。此时的弗雷德已经不是从前的弗雷德了。

他了解到，一个刚建立的家庭在努力维持生计、为将来作打算的过程中经历了怎样的苦痛与希望；他了解到，一次简单的营销机遇如何让他的一个客户从一贫如洗变成腰缠万贯。在此期间，他了解了大量的信息，听到了很多真知灼见，还拿到了很有分量的推荐信。这些故事一直都在发生，只是他以前从来没有抽出时间去聆听。

从那以后，弗雷德的销售额突飞猛进，后来他也建立了自己的网络营销公司，利润额高达数百万美元。他对手下的营销人员进行例行培训时，告诉他们一定要想办法为客户服务。即使你的产品派不上用场，也要帮助客户想办法实现他们的目标和愿望。他最喜欢的一句话就是："相信我，我们的服务就是你实现目标的快速通道！"

谁说比特销售狗学不会新把戏！

对所有的销售狗来说，关键是要弄清楚他们想为谁提供服务，以及为什么要为这些人提供服务。不管你的客户需要、渴望或期盼得到什么，你都必须心甘情愿地钻过铁圈、跳过木墩、趟过河流和小溪，把它送到客户手中。

有很多次，我为了满足客户真正的需求而失去了自己的订单。尽管失去了订单，但我从没失去那些客户，当时的损失也都被后来更大的订单弥补了。这都是因为我愿意为满足客户的需求而服务。这么做绝对是需要激情的！金毛猎狗对这一点理解得最为透彻。

我曾经跟一家目标客户公司打过交道，这家公司想开展一些主要针对经理人的管理培训项目。我组织了好几次长时间的座谈，准备了好几份详尽的计划书，并和他们交换了意见，试图满足他们的需求。后来，我发现我并不能向他们提供他们真正想要的那种培训项目。

我告诉他们，虽然我非常希望达成这笔交易，想办法为他们提供培训，但是我并不是最合适的人选。在接下来的几个星期里，我和其他有可能为他们提供这种培训的人逐一面谈。我旁听了很多会议，也打了很多电话，最终给他们提供了十几个可供选择的培训商。他们最后从我推荐的人当中选择了一个合作伙伴。

那家公司从没忘记我所做的事。一年后，他们给我打来电话，说公司的另一个部门需要进行团队建设培训，问我是否感兴趣。我当然感兴趣了，而且这一个电话给我带来了一份每年价值高达8万美元的合同。迄今为止，这份合同已经执行了5年。

销售的定义不仅仅是吸引别人前来购买，更要让别人的生活在某种程度上得到改善。这才是真正的客户服务！

献给销售经理的骨头：要想激发你手下的销售狗的斗志，你就必须不断地提醒他们关注于向别人提供的服务，无论怎样强调这么做的重要性都不为过。你必须触动他们的心，这样他们才能同样触动目标客户的心。只有在这个基础上，你才能作出有意义的决策。

四、了解推销自己和销售公式之间的关系

或许最有价值的推销技巧莫过于懂得如何把自己成功地推向市场，因为这样你就根本不用去推销了！

如果你是一只比特狗，也许你最爱做的就是在自己领地上来回逡巡，不放过任何可能的猎物，而推销自己完全背离了你的天性。你的营销方式是打陌生拜访电话或直接上门推销，所以，你很可能现在要跳过这个章节，一眼也不想看。

但是，对其他的销售狗来说，也包括眼下可能有些好奇的比特狗们，要想少工作、多推销，那么推销自己就是改变生活的诀窍！如果你学会了一点狮子狗的本事，你可能会发现，得到丰厚的回报是一件多么轻松的事情。

我在前面曾经提到过，通过老客户的推荐而达成交易的优势在于：如果方式得当，你就再也不必和一个你并不认识的人打交道了，这被称为高级营销。下面这个简单的公式就反映了这种做法对销售所产生的影响：

$$S/M = 推销所付出的努力$$
$$(S= 推销，M= 市场营销)$$

这是一个简单的公式，它表明，你所做的市场营销越多，你推销时付出的努力就越少。如果你目前在推销和营销产品或服务上花费的时间一样多，而接下来决定花费两倍的时间自己来营销，那你最终花费的精力将减少一半！你在营销上付出的努力越多，在销售上需要付出的努力就越少。目标客户会举起手来点名找你，而你再也不用循着气味去寻找他们的踪迹了。

推销不仅耗时耗力，还总是遭遇挫折，而且需要出色的技巧和良好的时间管理能力。而市场营销则是把你的信息传递给尽可能多的目标客户，根本不需要你事必躬亲。你只需设计一整套的营销策略，并进行检验和实施，销售机会就会自动找上门来，不需要你再四处搜寻。

要想接触到尽可能多的人，只是一味地打推销电话是不行的，最好的办法莫过于在一本针对目标市场的商业期刊上登一个头版头条的报道。同样，每日点击量高达数万次的因特网也是绝佳的宣传渠道。

对上面的数学公式不太明白的人可以看看另一个公式：

S（推销）×M（市场营销）＝ $（销量）

（把"M"时间加倍，把"S"时间减半）

对你来说，关键是要学会合理安排一周的时间：花多少时间对客户或目标客户进行面对面的积极推销，花多少时间通过市场营销努力开拓一条推荐渠道。如果你是一只聪明的销售狗，就应该在你的市场营销策略上投入足够多的时间。从本质上说，这是一种让销售机会找上门来的艺术。更重要的是，在此过程中机遇转变成销售额的几率将大大增加。

遗憾的是，许多野性未驯的销售狗就是喜欢去随意追赶所有移动的物体。他们花大把的时间去追逐那些不容易搞定的目标客户——结果没抓到几个，自己却累得筋疲力尽。最终只得到了少得可怜的

收入，心情也变得极度沮丧和愤懑。

你完全可以把销售变得更加轻松快乐，但是要实现这个目标，你必须学会如何有效地进行市场营销！

想想看吧，洛特维勒牧犬和杜伯曼犬根本不需要别人介绍，它们可都是大名鼎鼎的。只要展示一下60千克的肌肉和尖尖的牙齿，所有人都会对它们有所期待，形成看法并立刻作出反应。这种形象有利于它们扮演护卫犬的角色，但是在普通的目标客户看来，它们实在是太可怕了！

当你走在路上时，如果一只具有潜在威胁的大狗迎面走来，你是否会立即走到马路对面、避免和它面对面？你的目标客户也是一样的心理。如果你看上去太好斗，那他们永远也不会主动来找你。事实上，他们对你避犹不及！

在你的目标客户眼里，你是怎样的一个人？你不仅要对你的产品或服务进行市场营销，还要对自己进行市场营销。你希望人们对你有良好的印象，希望他们会这样想："这就是能帮我解决问题的那个人。"

正因如此，销售狗才必须花大量的时间营销自己。

出色的市场营销，比如广告或因特网的链接、商业期刊上醒目的头版头条，或者和你提供的服务有关的一本畅销书，都能帮你推销出大量的产品，这可是你挨家挨户上门推销无法做到的。利用面向成千上万人的大众传媒，你等于是在敲每个受众的门。除了这些媒体之外，你还可以利用演讲人、商业机构、组织团体和其他所有的实体，只要他们的受众人群中存在潜在的客户，你就可以有效地利用这些渠道传播你的信息。

你首先要列出一个清单，把潜在的、可用来传递产品及你的个人信息的途径一一列出来，然后投入一定的时间拓展这些途径，接下来，销售机会就会自动出现了。

其次，你要确保自己向公众发布的信息能促使一些人不得不给你打电话，或不得不显露出一定的兴趣。这并不是一份服务宣传单，但是你必须让他们知道，他们和你联系是会得到好处的。他们能得到一份特别服务、一个极具吸引力的保证、一份无法抗拒但又货真价实的声明，或者是一个为其量身定做的建议。

一个简单的例子就是在广告中宣传提供一次免费的咨询服务，或者限期打折，或者在客户通过电话或传真与你联系或向你咨询时，为他们提供一份高级产品的"免费特别介绍"。

你要牢记，这些宣传和你所在的公司已经做过的全球市场营销完全是两码事。这种宣传更加个性化，是更直接的市场营销手段，不仅能让人们注意到你的产品或服务，还能直接把他们带到你面前。

市场营销只是让你的目标客户在你给他们打推销电话之前，对你和你提供的产品或服务产生兴趣并有所了解。在他们的兴趣被调动起来之后，下面的游戏就由你来做主了。下面这些途径可以帮助你起步。当然了，除此之外还有很多种起步的途径。

- 与其他已经和你的目标客户建立了联系的个人或公司建立合作关系。
- 派发推销信件。
- 在报纸、杂志以及其他印刷媒体和因特网上发表醒目的标题报道和独特的销售主张。
- 做广告。
- 主动参加业内活动。
- 给机构和目标客户发传真。
- 举办商贸展览。
- 举办免费的指导性座谈会。

- 参与并赞助社区活动。
- 找人为你推荐。

问题在于，大多数销售人员都不愿意投入必要的时间、金钱和精力来做市场营销。他们宁肯做一些细琐的事情，不惜耗费大量的体力，或者一味等待公司为自己做市场营销。那些不会或不想对一种服务或产品做市场营销工作的人，永远也无法进入现金流象限的B（企业主）象限，因为要实现这一目标，你必须愿意尝试、犯错和改正错误。

要像狗那样思考。狗能闻出普通人的鼻子闻不出的东西。如果你嗅觉不灵敏，就和嗅觉灵敏的人或者和与猎物关系亲密的人合作。这就是市场营销。

当我还在电脑行业的时候，曾经负责一个销售区域，那里有相当多的客户多年来一直使用自动记录机。我知道，要想一一拜访这些客户恐怕要花上好几个世纪的时间，所以我想办法认识了这个区域的安装工程师马萨，他负责所有电脑的维修和保养工作。马萨是个了不起的家伙，他在这个区域已经工作了25年！

我和他每周一早上都一起喝咖啡，聊聊这些用户的情况。经过多次交谈，我们有了一个计划。他每见到一个用户，就很随意地在他们面前提到现在有一种新设备面世了。他会告诉他们这种新设备有哪些用处，比如停机时间更短和维护费用更低。这样，等我来到他们面前推销的时候，他们已经对我的产品有所了解，并十分渴望进一步了解。马萨已经帮他们热身，下面就看我的了。

不到一年的时间，我就几乎把所有的陈旧设备都替换成了时新的电脑微机。在长达两年的时间里，我负责的区域在全美销售额排名中都稳居第一。原因很简单，我在市场营销上投入的时间多于我在销售过程中投入的时间。马萨也是一个大赢家，因为新的服务合同给他带来了额外的提成收入。我们建立了一种伙伴关系，这使得我们两人都成了赢家。

五、掌握应对批评或拒绝的技巧

一个销售人员面临的最大障碍和挫折当然就是被拒绝。没人喜欢被拒绝！我们都希望得到别人的喜爱，被别人接受，都不喜欢遭到拒绝。

狗也喜欢讨得别人欢心，被别人接受，但是如果你没有时间和它玩飞盘，它并不会往心里去。作为一只销售狗，你必须学会作出同样的反应。我会在后面的章节中和你详细探讨如何应对拒绝，但是这里先让我们看看其中一些要点：

1. 目标客户对你的拒绝不是真正的问题。真正的问题是你用怎样的情绪来回应拒绝。如果你能在面对最尖锐的批评时仍然心情平静，那你非凡的头脑一定能够轻松地处理这种局面。问题在于，被拒绝通常会激发我们人类最原始的畏惧感，并导致情绪和心理出现剧烈波动。经典的沟通原则指出，当你处在一种极度负面的情绪中时，智商会变得极低。你是否曾经在生气的时候说出一些话，而事后又追悔莫及？你是否曾被别人气得话都说不出来，而当你几个小时后冷静下来，又觉得没什么大不了的？我说的就是这个意思。

2. 学会在怒火中烧的时候保持冷静和镇定很容易，只是很少有人指点过你。起初你要通过重复训练来消除自己的情绪化反应。

3. 当客户或目标客户发牢骚时，你必须学会识别他们那些话背后的真实情绪。一旦你做到了这一点，他们的批评对你的影响就会逐渐减弱。

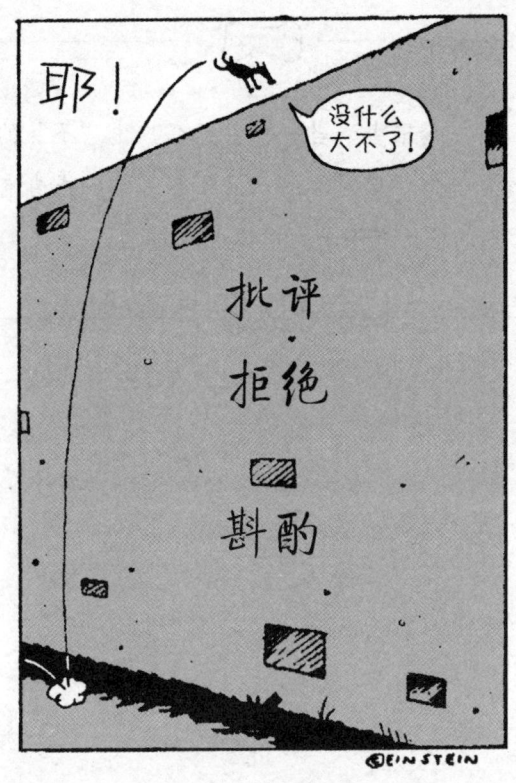

4. 另外还要认识到,每一个批评都是有益的。比如,客户批评说:"这栋房子的厨房太小了!"这个批评有益的一面是,我们可以说:"我们把厨房做小点,是为了让起居室和娱乐空间大一些。这样你在娱乐的时候,就会走出厨房,到房子里的其他地方。"

还有另一种技巧曾经让我和许多其他的销售狗受益匪浅,这就是"魔杖法"。当你第一次与一个新的目标客户面谈时,或者当你听到了太多批评意见时,你可以这样问:"如果我能够挥动魔杖改变这里的一切,你最想改变哪里,或者怎么做能让你最满意?"这个简单的提问能为我们不断地创造出获得各种可能性和机会的新途径。

骨头：别往心里去。当一个目标客户说"不"的时候，他的意思不过是说他目前对你的产品不感兴趣，或者有些东西他还不理解。他的评价并不是针对你个人的。

第 12 章
控制销售狗的情绪

　　管理那些热情洋溢、表现出色的人并不容易,其中一个原因就是他们做起事情来往往会感情用事。

　　销售狗在工作中承受着巨大的压力。管理层对他们的期待、伙伴间的竞争、争强好胜的天性,以及经济上的压力,加在一起会形成一个很浓厚的情绪化的氛围。要在这种氛围下表现出色,需要一定的技巧和深谋远虑。

　　你是否曾经见过一只平常很温顺的狗烦躁不安地在房子四周走来走去,对所有会动的东西都大吼大叫?销售狗也一样。要想成为一只出色的销售狗,你必须知道如何激励自己,尤其是在你希望让这个世界停下来,自己能逃离一切的时候!

　　你必须知道生活中有乐也有忧。也许有时你只想对着月亮大吼,有时你恨不得把某人的耳朵咬掉,还有的时候你只想玩游戏和追逐。养狗的时候,一定不要鼓励狗负面的行为。而知道如何对付你自己和手下的销售狗所产生的一系列情绪波动,也是至关重要的。

　　控制情绪是每一只销售狗都必须学会的最有价值、最关键的技巧。我见到的所有出色的销售狗、出色的行动者、出色的团队或所有取得成功的人,都是在经受过压力之后才变得出色的!只有在压力之下,人们的潜力才能被激发出来,信心和能力才会空前高涨。

压力是一道光，它能引领你走向成功，把你提升到一个全新的层次，把你的心态从"我也许能做到""我能做到""我必须做到"调整到"我做到了"，最终带给你非同一般的机遇。

永远不要害怕压力——没有压力，就没有辉煌的成就。

有了压力，自然界才能逐步进化，新结构才能建立，我们个人、团体以及整个人类文明才能成长和发展。压力并非总是那么可怕，并非总是让人避犹不及也并不总给人带来痛苦，前提是你懂得如何应对压力。

不管结局看起来多么令人满意，如果你不知道如何应对压力，那你面临的压力仍然会让你坐立不安、不堪重负。如果你是一个顾问、主管、经理或是一只销售狗，在压力给你个人或你的团队造成不利的影响之前，你必须想办法及早地把它释放出来。

不及时释放压力，销售狗就会变得偏执（认为公司在利用他们）、消极（对同事和客户言行粗鲁刻薄）或沮丧（闷闷不乐、缺乏主动性、仿佛世界末日来临一样）。

作为一只销售狗，你要在采取下一次行动、尤其是销售行动之前，把这些情绪好好地分析一下。如果你不予理会，这些心事就会成为你工作中的障碍，你也会变得越来越沮丧、愤怒和绝望。在这个行业中，能否成功取决于你是否拥有乐观向上的心态，因此，上面提到的消极情绪将给你的销售生涯造成灾难性的影响。如果不对这样的情绪加以控制的话，整个狗窝都会受到影响。

你不能强迫某个人或你自己变得高兴、乐观起来，但是人类的一大优势就是可以控制自己的情绪，我们能够找到独特的、有创意的方式使我们的情绪朝积极的方向转变。

如果你情绪低落，就要迅速改变这种状态。如果你正在处于情绪低潮期（比如认为"没人喜欢我""公司在压榨我""我可干不了这个"，等等），那你就要想办法让自己行动起来，取得一些小的成果。比如，去拜访一个不错的目标客户或是已经购买了你的产品和服务的用户或者拜访一个喜欢你和你的服务的人，和他们聊聊天，待上一会儿，你甚至有可能在此期间抓到一两个推荐人。你会发现，你的情绪和精神状态很快就会有所改善。

再舒展一下筋骨——跑上一大圈或者去趟体育馆！到海边坐坐，与大自然亲密接触。把所有你最喜欢的歌曲翻录在一盘磁带上也是个很棒的选择。欢快的舞曲能让你振奋起来，令你感觉良好。在你开车拜访客户的路上播放这盘磁带，并跟着音乐一起放声歌唱——既能放松一下，又能练练嗓子。过后你会惊奇地发觉自己精力充沛，浑身都充满了力量。接下来就发挥你的创造力吧。

当你的情绪高涨，似乎一切都进展顺利时，你就步入正轨了。这时，你会发现钱不停地流入你的口袋，人们主动向你敞开大门，每个人都愿意听到你的消息或了解你的产品。这个时候你要拨打更多的电话，充分利用这个赚大钱的阶段，给你能找到的每一个人打电话。你会为自己的效率以及在这段时间内完成的销售额感到吃惊。

要抵制诱惑，不要取得一两次胜利就打道回府，因为那样会让你失去动力，而要想重新找到动力是非常困难的。如果你总是要从一个起点上不断地重新开始销售，就会比一直保持活跃状态花费更多的精力。所以永远别让自己停下来，继续前进，尽可能让情绪高涨的状态延续下去。

一旦你发现有迹象表明你的销售狗正在闹情绪，就要把他们拉到一边，鼓励他们说出自己的想法。通过他们的反应来确定他们的真实情绪是怎样的。在得到他们最初反馈给你的信息后，你要接着往下问。记住我们在前面所说的聆听原则——从头到尾仔细听。你很可能会发现，真正的问题要等到谈话行将结束时才会浮出水面。如果你自认为已经找到了症结所在，走神了，或者去琢磨如何解决问题了，那么你很可能听不到他们所说的真正的问题。

献给经理人的骨头：作为一个销售狗的管理者，你需要运用大量的策略和技巧让你手下的销售狗心情愉悦，更善于掌控自己的情绪。如果主人总是批评自己的狗，或是一发生意外就对它们数落个没完，那他最终面对的必将是一群野蛮凶狠的动物。如果手下的销售狗犯了错，你一定要迅速点明问题，然后放手！不要让你的怒气或沮丧持续太长的时间，否则你只会把事情弄得更糟糕，而他们也很有可能精神崩溃或对你不再忠诚。

"你今天看上去和往常不大一样啊，莎拉，你似乎有点不开心。""你看待事情好像没有往常积极。"这样一来，你就可以了解对方的情绪，而且可以很自然地唤起他们的情绪。（在治疗当中，心理咨询顾问会问同样的问题。）短短的几句询问就能表明你很关心对方，并且意识到他们的行为发生了变化。

当他们把自己的心事说给你听时，你要控制自己，不要下意识地给他们提建议，或者给予评判和忠告。你要做的很简单，就是听他们说，了解他们面临的问题，告诉他们你能够理解他们在这种处境下的感受。在他们对你敞开心扉以后，问一些具体的问题，帮助他们找到一种积极的解决办法。

"你最近有哪些事情做得比较顺利，莎拉？""有什么不顺心的事情吗？"让他们说说自己负责的销售区域最近的销售情况，或者他们所在行业的最新动态。但是注意不要把气氛弄得像开正式会议，别让他们感到自己低人一等或者被冒犯。这种训练的目的只是让你的销售狗考虑一下具体的事情。

当我们面临糟糕的局面时，我们会像上文所提到的那样，倾向于使用一些泛指的表达方式，如："什么事情都不顺利。""总是这么糟糕。"如果你能问得具体一些，就可以改变人们的看法，让他们看到实际上事情并非"总是"这样，只是"有时候"才这样。接下来告诉他们，如果能尽量避免发生"有时候"发生的事，就能改变自己的行为方式，摆脱沮丧的情绪。这就像一次自由讨论会，而往往就是在这种讨论和反馈的过程中，自然而然地就找到了解决问题的办法。人的精力会转移到更积极的层面上，情况看起来也不再那么糟糕，争取成功的行动计划也能顺利地制定出来。

通过这种方式，我们从以前认为"总是这么糟糕"，转变为认为"实际上，只有当我没在24小时内把计划书提交上去的时候才会出现这样的事情"。于是解决问题的办法就一目了然了，而且你也有了将来可以用来检验和衡量自身工作的一套体系和策略。

在仔细听他们诉说后，和他们一起制订一份能实现目标的计划。要把"最终的胜利"分解成多个小的、便于实现的目标，这一点很重要，因为这样他们就能以正确的心态重新投入到工作中去，在整个过程中采取主动，并由此感到是他们自己而不是你让一切焕然一新。

和我们平时见到的狗一样，销售狗也很难集中精力同时处理好几件事情。如果你把木棍扔给狗，狗会把它捡回来，捡木棍会让它们的精神为之一振，因为它们觉得很好玩。要想进一步调动它们的情绪，你可以在它们捡第一根木棍的时候再扔出去第二根。这会让它们完全抛开了最初的负面情绪。此时它们很可能会把第一根木棍放下，去追赶第二根木棍。

这就是为什么对于销售狗来说，一定要迅速开展一些有趣而轻松的行动计划，把自己的注意力从眼下的困境中转移出来。一旦你重拾积极的心态，就可以准备出发，再次将世界掌握在自己手中了。

下面是几个能把销售狗的情绪调动起来的行动方案：

- 从报纸上找出 3 篇能够证明目标客户在生活中实现财务自由的重要性的文章。
- 找到 4 个老客户做你的推荐人。弄清楚你给他们的生活带来了怎样的积极影响，你肯定会以此为荣！
- 去找两个用户谈一谈，问问他们为什么一直使用你的产品或服务。

如果只是有一点点烦躁，那你大可不予理会。但是，如果你注意到自己的行为越来越消极，那么你一定不要无视这种情绪的存在，试图掩饰，或者假装没事，盼着它自动消失。情绪波动是好事，它提醒我们一个事实——我们还活着！是情绪让我们感到激动和兴奋。作为一名驯狗师，管理好销售狗的情绪是取得成功销售业绩的关键。情绪被调动起来之后，销量也会跟着增加。对待客户和目标客户也是一样，如果销售狗能够逐步巧妙地把他们的情绪调动起来，就能成功地把产品推销出去。

关键要明白，是你自己选择了拥有怎样的情绪。在每一个特定的情况下，你的情绪将使一切变得不同。并不是只有想法才能决定一切，情绪的力量更大。

假设你走进一个房间，看到两个人正在闹别扭。你不知道发生了什么事情，但是你可以感觉到房间里的气氛——似乎空气都已经凝固了。同样地，你身边的人也能敏锐地感知你的情绪。虽然那种微妙的情绪并没有表达出来，但你必须意识到它们是真实存在的。

你想拥有怎样的情绪呢？愤怒、沮丧、兴奋、坚定，还是乐观？你喜欢从别人那里感受到愤怒的情绪吗？那么消沉呢？你只在一个人说自己很消沉的情况下才能感受到他的消沉吗？或者说，即使他只字不提，你也能感受到他的情绪？

情绪会因你关注的事情不同而发生改变。当你转移注意力的时候，你的情绪也会发生变化。当你有必要转移自己的注意力，使情绪向着对你有利而非不利的方向发展时，你可以尝试这样做：（只需要一两分钟的时间）

1. 在当前的情况下，有哪些东西是你真不喜欢的？把它说出来。要具体——只说一句"真是见鬼"可没什么用！

2. 接下来把注意力集中在你想要的东西上，并且把它说出来。集中注意力去想你确实想要的东西，直到你看到、听到、感觉到、甚至对它微笑的时候为止。就是这样。尽可能让这种感觉持续得长一些，并尽量经常重复这个过程。记住，你不一定非要有一个行动计划，只要别把注意力放在你不想要的东西上，而是尽量关注你想要的东西就可以了。

如果只是完成第一步，那很简单！你很可能每天都在这么做。也正因为我们总在琢磨自己不想要的东西，才导致我们最终得到的大多是这些东西。第二步才是最重要的。

前段时间，我需要向一个非常重要的客户做一次陈述，争取拿下数额高达30万美元的销售合同。我当时十分紧张和担心，因为我觉得这位客户不会对我们的产品感兴趣的，尽管我认为他很需要这些产品。我很烦恼，就向我的妻子、同事和自己抱怨个没完。这次陈述并不怎么成功，这让我又生气又难过。我很清楚自己不想要的是什么。通常情况下，我们会任由自己沮丧下去，最终不得不痛苦地面对自己的结局，而这种结局通常都是自我实现的预言。

不过，我当时选择了改变自己的情绪，把注意力放在我希望达到的目标上。我想和客户开诚布公地谈一谈，而不是做一次正式陈述。我希望听他谈谈他的需求，并向他提出真诚的建议，和他建立一种新的、成熟的关系。当我想象着我们交谈时的情景，感到这种全新的关系将给我们带来的美好前景时，不禁偷偷乐了起来。我相信一切都会非常完美的！

第二天，我和这位客户谈了一次，我们聊得很投机，关系也得到了很大改善，这次交谈让我们回味无穷。后来我们签订了一份价值比从前高出两倍的合同。

如果我当时一味地忧虑、沮丧和戒备，就永远不可能和这位客户建立新的关系。我把注意力重新集中在我确实想要的东西上，回头去争取我想要的结果，最终果真得到了！

骨头：身为销售狗的我们，大多是以金钱为动力的，否则我们会选择到地方政府部门做行政助理，每年的加薪幅度只有1％！而目前我们的收入却有着无限增长的可能，这让我们兴奋不已。但是，令我们兴奋的是金钱还是我们想用金钱购买的那些东西？在你为自己设定销售目标时，把自己关注的钱数看成一种标志就可以了。而要得到真正的权力与刺激，就要关注你用这些金钱来做什么。将注意力集中在这上面，直到你露出微笑为止。我敢保证你会很快打起精神的！

在销售行业取得成功之所以让人感到刺激，其中一个原因就在于人们知道一定会有许多激动人心的时刻。记住，要抓住这些时刻，把它们更紧凑地串联在一起。当你的情绪跌入谷底时（你注定要经历的），你只需把注意力重新放在你想要的东西上，迅速行动，只要能帮你尽快地走出低谷就行。这样就可以缩短情绪低落的时间，使你重新振奋起来。

但是，重要的一点是，你要记住，你的情绪不可能一直高涨，也不可能总是低迷，这是自然规律。狗知道，即使正在下大雨，自己在外面全身都被淋湿了，冻得直发抖，但是雨迟早会停，太阳总会出来，自己又能找到安身的地方。销售的乐趣在于，你知道只要自己愿意，从事这个职业的每一天都能经历许多不同的情绪和感受。一个努力试图掩盖和隐藏自己的情绪、小心翼翼地避免亢奋和低迷的人绝对无法成为最出色的销售狗，除非他学会如何真实地表达并感受自己的各种情绪。

成熟的销售狗会直面自己的情绪并把它转化成激情。他们懂得如何把沮丧化为决心，把愤怒与畏惧化成力量，把快乐化成乐观和永不消退的动力。

你怎样才能做到这一点呢？要记住，这是一个心理不断调整的过程。为成功喝彩，哪怕微不足道的成功也不例外。你要告诉自己，你是一个传奇人物，尽管你取得的成就算不上惊天动地。当你情绪低落时，试着让自己积极地行动起来。比如向目标客户发放最新的广告宣传单、出去跑步，或者编写一份新的市场营销信函，并找出20个人对它进行测评。这样的努力无需大费周章，却能让你尽快地振作起来。

你要想尽一切办法把自己的注意力从消极的情绪上转移出来。不过，一定不要把"转移"和"忽视"混为一谈。在采取行动之前，你必须明确并承认自己的情绪。否则在今后的路上，你会再次产生这种情绪，唯一不同的是，那时候它会更加强烈。

你不要隐瞒自己的情绪，弄清楚是什么情绪并且发泄出来，然后继续前行。要从自己的情绪中走出来。如果你的情绪让你感到很舒心，那你要明白，你已经能自然而然地走出情绪的包围，哪怕在你情绪低落的时候。愤怒会让人变得机智和果断，失望也能激发决心。弄清楚你的情绪反应模式。如果是好的模式，那就要有耐心；如果是一种消极的模式，那就找出该在哪里作出改变。

然而，出色的销售狗所具备的快速行动的能力，有时也可能会成为他们最大的障碍。

采取行动对我们所有人来说都是一种很棒的能力，但这种能力也可能会走向极端。销售还需要有耐心。大多数时候，一只销售狗离开原路另辟蹊径，就是因为缺乏耐心，一心想更快地得到回报。通常这样的狗都会因为追赶的兔子太多而最终一无所获，只有追自己尾巴的份了。一名优秀的驯狗师会教导自己的狗，让它坚持走好脚下的路，追赶自己的猎物，直到追上为止。

所以，一名优秀的驯狗师必须鼓励自己的销售狗在毫无进展的时候保持耐心。销售狗必须维持足够多的目标客户；不停地登门拜访，不停地拨打推销电话，最后一定能做成一笔业务的。一定不要在此时放弃合理的市场营销策略。当你情绪低迷时，不仅要有耐心，也要坚持不懈。和所有其他事物一样，你的情绪也在不停地循环和变化。所以你一定要明白，所有的挫折都是暂时的、特殊的，并受到外界因素的影响。如果你在销售的过程中具备这种心态，就能很快地走出逆境，再度出击！

第 13 章
是什么让他们卷土重来
——应对斥责和拒绝的技巧大揭秘

> **大骨头**：在所有你能学习的事物当中，你在学习如何应对拒绝和批评方面投入的时间是最有价值的。我可以很诚恳地告诉你，如果你在这方面勤加练习，你的生活将发生彻底的改变。不仅你的销售业绩会提高，你还会发现你的人际关系也会越来越融洽。大多数人并不知道，自己内心下意识的畏惧和忧虑会对他们在家中以及工作中的言谈举止和人际关系造成非常大的影响。

一只狗很想玩取物游戏的时候，会一直缠着你，直到你把球扔出去为止。不管你上一次和它一起玩耍是多久以前的事情了，它总是一如既往地满怀着希望，希望你现在能和它玩。在你读报纸或者打电话的时候，它会一直耐心地坐在一边等你，始终仔细地观察你的一举一动，只要你表现出一丁点的放松或分心，它就会发起突袭！

你可以对它说"现在不行"或者"走开"，但它还是会坐在那里等待。不管你拒绝它的请求已经过了多少次，甚至连它淌在球上的口水都已经干了，它也绝对不会放弃。有的狗甚至会挡住你的去路，不让你走到别处去。它们为什么会这样？是什么让它们在面对拒绝和挫折时还能不断地卷土重来？原因很简单，它们没有意识到自己遭到了拒绝，也不明白你的意思是让它们走开！

被别人拒绝是大多数销售狗遇到的最大的难题。如果你这只销售狗在发起一两次攻击后就找个地方躲起来，那世上所有的销售策略对你来说都没有什么意义了。

想想看，你需要和狗坐在一起，告诉它们要自尊吗？你需要教狗如何利用复杂的谈判策略促使人们把球扔出去吗？我认为大可不必。

重要的是去学习并实践我在本书前面的章节所介绍的管理技巧。为胜利喝彩，重新理解逆境，这些都非常重要，但是真正的秘诀是，所有了不起的销售狗在应对斥责和拒绝时都有一种神奇的、令人吃惊的妙招。

那就是，他们早就习以为常了！

我也很想告诉你一种更轻松的办法、一种能让你不费时间、没有负担和痛苦的捷径。但是很可惜，这种办法和捷径根本就不存在。

办法只有一个。要想不再害怕被拒绝，唯一的办法就是去多尝尝被拒绝的滋味儿。只有遭受过拒绝，你才能理解它，而且你必须遭受过足够多的拒绝，最终才能不再受它的影响。

狗在生活中总是被主人斥责和拒绝，这样的经历太多了，它们对此已经麻木了。被拒绝是它们的家常便饭，没什么大不了的，哪怕它们的主人只顾做自己的事，它们也相信，只要主人一闲下来，一定会把球扔过来！

问题是，在你的销售狗对此习以为常之前，他们那狮子狗一般高傲的自我意识将面临极大的挑战，很难应付这一切。大多数人从来没碰到过这种事情,因为他们害怕,总是想尽办法退避三舍。这种逃跑策略的问题在于,你回避了拒绝,也回避了销售机遇,只能眼睁睁地看着每个月损失成千上万美元!

顺便说一句,最聪明的销售狗(敏感、容易兴奋且很有社会地位的纯种狗)有时候最不擅长做街头推销。他们在生活的各个方面几乎都一帆风顺,当他们的激情遭受哪怕一点点打击的时候,他们就承受不住了。有时候,和他们的生活背景截然相反的销售狗,大杂院里的销售狗、混种销售狗反而更有可能成长为出色的销售人员,因为他们习惯了面对逆境,他们明白失败是生活的一部分。

在所有狗当中,比特狗是最符合这种特性的代言人。他们似乎因为遭受拒绝而变得更加强壮,似乎还盼望着被拒绝,因为这样他们就可以咆哮着用尖刻、睿智的话回敬对方。当然了,这种反应并不见得就是应对拒绝的最佳方式。

一旦你掌握了应对斥责与拒绝的技巧,你的生活将从此改变,你会变得敢于冒险,发展融洽的、长期的人际关系的能力也会大大提高。你将有能力承受冲突与异议,而这将消除你内心的畏惧,让你达到别人只有在梦中才能见到的绝佳境界。

有一点请你明白,这种能力不仅可以让你在销售行业获取财富,还能给你按自己的方式生活的勇气。你在生活中曾经有多少次口是心非?我们当中有多少人不得不因为别人的看法而压抑或改变自己的个性?又有多少人不得不欺骗自己,因为这比欺骗别人更容易?

我们在成长过程中都被告知,必须尽一切努力满足所有人,必须得到认可和爱,必须帮助所有人。可对我们自己呢?可不可以对自己真诚一些?可不可以帮助自己变得更快乐?可不可以去接受、去爱那个真实的自己?

除非你站起来,向别人展示你的价值,否则你永远也无法得到自己梦寐以求的生活,只能按照别人的方式生活。要知道,不管别人怎么说、怎么做，你都还是你，独一无二的你。只有明白了这一点，你的生命才会是完整的，你才能拥有自信和平静。

那么你怎样才能学会这种改变人生的技巧呢？方法很简单，那就是通过反复训练尽快地习惯被斥责和拒绝。人们常听到的斥责和拒绝大概有30来种，它们足以让大多数推销员望而却步、畏缩不前。通过反复训练，你能够淡化它们对你的影响，轻松应对每一次遭遇所产生的不良情绪。"没什么大不了的！"

我第一次面对一群人发表演说后，从一群朋友那里既听到了赞美，也听到了尖刻的批评。这些朋友和我都在培养同样的技巧。我们把自己锁在一间屋子里，一待就是好几个小时，大家轮流站到台上发表演说，台下的人模拟一些提问或批评意见，帮助台上的人练习如何应付类似的局面。

我们会听到这样的话："你有什么权利跟我们讲这些？你从没管理过像我的公司一样大的公司，你可能根本连门都摸不着！"或者："你和其他那些愚蠢的顾问一样，自己不会开公司，只能教人家做推销。"

我还听过比这更难听的，实在有伤大雅，不便在此复述。但是我和这些朋友彼此都很熟悉，出于训练的目的，说的话就更难听了，甚至连一只勇猛的比特狗听了都会发抖。

我至今还清楚地记得这样一次训练场景。当时屋子里大概有10个人，每个人都在各自的工作岗位上忙了一天，都很累、很烦躁。我们这个小组的成员背景都十分了得：一个拥有一家大广告公司，另一个拥有一家生产企业，还有几个是大公司的高级经理。

那天晚上，我的朋友约翰正在准备第二天要发表的一个重要陈述，他是一家顶级服装公司的老板兼销售经理。约翰站到我们面前，开始陈述。坦白地讲，他的陈述很枯燥，毫无亮点，而且显然准备得不够充分。

才过了一两分钟，屋里的销售狗就开始议论纷纷了，其中的一个高级经理开始发难："这是在说什么呢？"另一个也跟着说了一句："太无聊了。"这时又有一个人很粗暴地插了一句："你根本不知道自己在说什么。"

约翰显然慌了神，但是值得表扬的是他仍在继续说。他的声音更大，底气更足，也更激动了，但是他的陈述仍然很枯燥。这样一来，我们几个人对他的抨击就更不留情面了。（我们是一群很残忍的家伙，比任何目标客户都刻薄。）

最后，约翰实在忍不下去了，他一把收起了自己的笔记，向门口走去。"我才不管你们怎么想呢。"他说，"这是我的陈述，我有我自己的风格！"

当他朝门口走去的时候，我们在下面嘘声一片。但是，在他走出房门之前，卡尔，一家国际会计师事务所的高级合伙人——一个身高一米八多、体重两百多斤的家伙把他拦在了门口。"除非你能从我身上跨过去，否则你休想不听我们的建议，不作任何改正，就这么一走了之。"

屋子里死一般的寂静，大家都不知道该说什么好。

约翰的脚步停了下来，他看了看卡尔，又回头看了看我们，随即放声大笑起来。"我是在开玩笑呢。"他说。于是大家都欢呼起来，而约翰又回到自己的位子上重新做陈述。

接着我们和他一起探讨，直到他把讲稿梳理得非常能打动人心。第二天，他的听众完全被征服了。信不信由你，约翰现在是一名畅销书作家，还成了世界知名的激励大师。对我们所有人来说，这些经历的确使我们脱胎换骨。

有趣的是，不管别人攻击你的话多么恶毒，当你听过足够多的次数后，就会觉得不痛不痒了。你只要当做没听到接着处理下一个问题就可以了。但最棒的就是，过去的你心会"扑通扑通"地跳，声音响得把自己说话的声音都盖住了,而且还会浑身冒汗,但现在的你再也不会这样了。

这些训练非常必要,我现在还一直坚持做这种训练,要么对着镜子自己做,要么请妻子帮助我——她是主动请缨的。在她看来,把我批评得一无是处相当好玩!

我发现,勤于做这种训练的人的销售业绩会明显提高,因为当他们真正面对一个很挑剔的客户时,也不会觉得有什么大不了!

狗的头脑很简单,它们生活在一个只有本能、忠诚和回报的世界里。人类比它们复杂一些,但是本性仍然很简单。最近的研究结果表明,当我们感到受威胁时,我们的大脑总会挂上"低档",从高级的逻辑思维区域调到主管情绪、记忆和直觉的低级区域。

这样一来,逻辑和理智就几乎不存在了,因为我们的逻辑思维程序在神经系统的运行中,已经被大脑内部主管情绪和逃生的那部分区域所覆盖了。

大部分销售培训理念都强调,销售人员千万不要存有防御的心理。常识告诉我们,一个人一旦处于防御状态,那么他所做的一切都是在把目标客户往外推。这是一个很了不起的建议。不过,人们在遭到拒绝或批评时会自然而然地产生防御心理。你怎样才能克服这种心理呢?

答案就是,你要改变你的思维方式。最主要的是,你要改变自己在听到拒绝和批评时的反应。虽然你也知道,批评不过是进一步展开讨论、澄清问题,加深理解的一种途径,但是如果不控制自己的反应,不在这方面加强训练,你永远也无法控制自己的情绪,只能任凭它吞噬你的逻辑和理智。

要知道,当狗察觉到威胁时,它们要么会在好奇心的驱使下,把这种威胁闻出来,要么就露出锋利的牙齿进行自卫。(一只出色的销售狗应该选择第一种方式。这时你要把你的比特狗拴牢、拽紧,不要让它们的天性占了上风。)

你是否还记得，曾经有多少次别人指着你的鼻子让你走开，或者把你的激情碾得粉碎？你心中无比愤怒和郁闷，汗如雨下，恨不得痛快、机智甚至毫不留情地反唇相讥。而你当时可能只是站在那里，默默地忍受着，嘟哝着几句不痛不痒的话，不是怒气冲冲地走开，就是夹着尾巴忍气吞声地离去。几个小时以后，你终于想出了一个绝妙的应对办法！要是销售过程中也有一个"后退键"该多好啊，那你就又有机会。当你面对目标客户的批评意见，需要作出绝妙的答复时，为什么就是想不出词儿呢？其实你并不是想不出，而是你的情绪化反应绑住了你。

记住，批评不是问题的症结。真正的问题是，批评会让你产生情绪化反应，使你的思路不再清晰。而实际的情况会更复杂，因为与此同时，你还会把别人的批评看成自己的失败，在心里留下一道伤痕。

要想克服这种典型的情绪崩溃，方法也是在模拟的环境中反复训练自己对批评作出反应。一旦你通过训练变得对批评不再敏感，那么当目标客户真的向你提出批评的时候，你就能够轻松地把它们抖落在一边，不以为然，甚至会在心里窃笑："这个我已经听过了！"接下来，你就可以带着所有出色的销售狗都具备的那种无所不在的好奇心，继续搜索、询问、调查、追逐了。

我们能够从犬类朋友那里学到的一个重要的本领就是，不管你多少次撵它们走，多少次拒绝它们的请求，多少次不让它们凑到你的膝前，多少次不给它们任何爱抚，它们都永远不会放弃，也永远不会往心里去！

大都会人寿保险公司和一批心理学家组织了一次针对数千名销售人员的心理调查。他们发现，这些推销员当中有相当一部分人很擅长应对拒绝，我们在第10章中描述过他们的应对方式。他们对拒绝的理解是：

1. 和其他事物无关的一次具体事件。
2. 和他们生活的其他方面没有任何关系。
3. 是由外部因素造成的，比如时间、目标客户的情绪或目标客户面临的问题。

调查中另外一些人对拒绝的反应则截然相反。他们看待拒绝的方式很消极，认为别人的拒绝是他们生活中其他不顺心的事情的一种反映。他们在调查中声称，是自己本身存在的一些问题导致了这些负面结果。对比两组销售人员的销售业绩，结果令人震惊：第一组的销售业绩比第二组持续高出 34%。

骨头：销售狗已经找到了一个方法，在打推销电话之前对某些心理倾向进行测试，如果有必要的话则进行调整。（欲了解相关的能力测试，请登录 www.salesdogs.com。）

有一些狗因为曾经挨过打、受过虐待，所以缺乏自信。你刚举起手，它们就会吓得蜷起身体，以为自己又要挨打了。不过，就连这些狗都会一次次转回身来，恳求你的爱抚。我认为大多数狗都抓不住它们追赶的猫，但我也从没看到有哪只狗在没追上时瘫在地上，用爪子捂着眼睛，因为感到丢脸而啜泣。相反，它们吐着舌头，口水淌了一地，已经准备好再继续追了。

最重要的是，你一定要记住，永远也别认为批评和拒绝是冲自己来的。如果在销售中被别人责怪，一定要从其他方面找原因。

当然，我并不是说你不需要对自己的行为造成的后果负责，也并不意味着你可以肆无忌惮地对外界因素横加指责，或是凭空想象有什么不可告人的阴谋。我只是想说，承担责任并不意味着你要把自己的头硬往墙上撞，而是要防止消极的销售事件进一步恶化，演变成一种影响你的人生的消极理念。

不要忘了，销售人员每天都在公司的支持下从早到晚地在最前线冲锋。如果一颗手榴弹滚到了战壕里，你应该怎么办呢？是拿在手里慢慢研究它为什么会出现在这里吗？不！快把它扔掉！

你应该从这次事件中学习，以免再一次遭受袭击。但是，千万不要傻坐在那里盯着它看，直到它在你面前爆炸。

你必须从自己的经历中总结教训，然后找到能让你将来取得更大成就的制胜法宝。你能总结出很多小窍门，比如"周一下午是给公司主管打电话的好时机"，或者"要确保在重要的演说场合，所有的决策人员都要到场，这一点很关键"，还有"演示要短小精悍，否则你的目标客户会感到不耐烦"。

我强烈建议你登录销售狗网站，从销售狗培训软件包中接受批评意见。你可以和你的同事或朋友一起训练，或者自己反复练习。最初是否回答他们的发难并不重要。你只要听他们说完，然后说一句"谢谢你"就行了，直到你能够很自然地、不带任何负面情绪地把这句话说出来。

下一步要着手培养自己对质疑与批评作出理性的、符合逻辑的答复。你会惊讶地发现，原来同一个问题竟然可以有那么多种有力的回答方式。最初你可以使用快速思维法，我们在前面提到过这种方法。带着这种思维方式走入现场，你会感觉自己全副武装，甚至发现自己居然盼望听到你最擅长应对的批评！你将能够永远活跃在狩猎场上，再也不用跑去寻找庇护。

听到批评后最好的处理方式是，立刻向对方诚恳地提出一些善意的问题。如果你反唇相讥,或通过提问给目标客户设套,诱导他同意你的观点,那样做只会让目标客户离你远远的!千万不要演变成一场你和目标客户之间的竞赛!正确的做法应该是温和地把目标客户带到某一需求点上,而在这一点上需要你来帮助他。

一旦你学会了如何保持头脑镇定和思维清晰,就能实现进一步的自我发展。你可以通过提问获取更多的信息、了解更多的情况。

首先,面对批评永远都要说"谢谢你",然后把批评的话重复一遍,从而表明你听得很认真,也确实听进去了。

"如果我没听错的话,你的意思是说安装的时间在整个项目中至关重要,对吗?"

这表明你理解了客户的意图。如果他同意你的复述,那你就接着提问,通过更多的问题进一步了解他关心的究竟是什么。要诚恳,并且避免提出一些诸如"为什么"之类的引导性的问题。你的目的不是要证明他有多么愚昧,而是要更多地了解当前的情况。

骨头:永远也不要试图诱导目标客户与你的意见保持一致,尤其是在对方提出批评意见之后。要知道,这可不是下国际象棋!

大部分销售人员在听到目标客户的批评后,都试图马上转变他们的态度,想立即从他们那里听到赞同的话。这种笨拙的引导方式只会让任何一个聪明人感到愤怒。要清醒地明白"但是"和"如果"之类的字眼的含义,如果你在对方提出批评之后马上就用这些词,那你的目标客户会感觉你要么是在试图争辩("我明白,但是……"),要么是想迫使他承认某些事实("如果我告诉你……")。

你的提问应该针对他为什么会存在这些特殊问题,你的态度要真诚,要表现得对他们的处境感同身受。

小提示:每一只销售狗都有自己的天敌。一些比特狗一看到小动物就紧张,或者只喜欢男性的同伴;许多狮子狗一看到大狗就胆战心惊;大型动物和一些奇怪的声音能把某些巴吉度猎狗吓破了胆。想让狗克服对其他动物的恐惧心理,其中一个办法就是制造机会,让他们在没有威胁的非销售状态下出现在他们的天敌面前。

对有的销售狗来说,年纪较大、两鬓斑白、老练世故、看上去很有权势的白人男子最让他们感到底气不足;有的销售狗则害怕见到争强好胜的女性目标客户;还有一些年纪较大的销售狗甚至会对年轻气盛、傲气十足的小狗有点发怵。这时,你需要模拟并经历各种不同的场景,直至发现最让你感到恐惧的场景。然后反复练习如何应对批评,想象你最大的天敌正在冲你大吼大叫。

我过去特别害怕那种典型的高级主管,灰色头发,身高一米八多,戴着深色的框架眼镜,脸上的表情很不耐烦。面对这样的目标

客户，我总是紧张得前言不搭后语。我过去向高层管理人员做推销的能力很让人失望，而且很少能推销成功，直到我彻底摆脱对这类人的恐惧感，情况才有所改善。

当我开始主持座谈会时，越来越多的这类人出现在我面前，这对我而言可是不小的挑战。我知道我必须应对这种局面，因此我并没有回避他们的问题，而是开始练习如何回答这些问题。我之前做足了调查研究，这样我就敢肯定他们没办法难倒我。当他们提出问题的时候，我早已准备就绪了。

最重要的是，我在头脑中形成了一种比特狗——克林特·伊斯特伍德式的观念，我在心底不自觉地说："来吧……开始吧……让我露一手给你们看看！"因为我的脑子里已经储存了大量的"弹药"——我为了应对不时之需而准备的知识和见解。因为我曾经演练过许多次了，所以那些灰头发、戴深边眼镜的面孔已经几乎不会影响我的情绪了。我能够保持清晰的思路，因为我在情绪上已经做好了准备。

在应对批评方面，我还有最后一个提示。多年前我曾经历了一次痛苦的离异。原因有很多，但是最主要的一个原因是，我和我妻子都不知道该如何处理婚姻中的冲突。每当发生冲突时，我们都不予理会，把它掖在毯子底下，或者藏在柜橱里。我们总是小心翼翼地确保不出什么乱子。问题是，真正的矛盾冲突一次次被忽视或隐藏，积攒到一定程度的时候，它就会呼啸着反扑过来，极强的破坏力足以导致天崩地裂，没有人能抵挡得了。逃避拒绝使我最终要面对最惨痛的拒绝。

后来我接受了如何应付批评和拒绝的训练，学会了如何避免情绪低落，这些培训给了我更多的勇气去处理矛盾冲突。我并不是说现在就一定能完全控制自己的情绪，我偶尔也会有情绪低落的时候。

但是，我现在可以更客观地看待这种偶尔的情绪低落，而且能够很快恢复过来。这带给我的远远不止是口袋里的金钱,更让我结交了无数的朋友,与世界上一些最成功、最有活力的人建立了良好的私人关系。最重要的是,它使我和第二任妻子艾琳相处得非常融洽,这是我梦寐以求的。如果你从本书中学不到其他东西,那就把这个学到手吧!

第 14 章
看门狗与猪

许多纯种的销售狗有时候会在凶猛的看门狗的威吓之下心生胆怯。这些看门狗凶猛无比，专门负责守护主人的时间和精力，对打给主人的电话进行甄别，是名副其实的门神。

在有关销售的书中，如何智斗门卫可能是最热门的话题之一——这里有上千种窍门和绝招，能帮你聪明地绕过这些家伙，来到决策者面前。

问题在于，这些罗特韦尔犬和杜宾犬有着强烈的守护意识，他们大多对那些公之于众的窍门有所耳闻，而且他们非常聪明，很少会落入圈套。

没有一只狗会在头脑清醒的时候去攻击一只守在大门口、重达100多斤的德国牧羊犬。你可以扔给他一块掺了安眠药的牛排，但是和他交个朋友岂不更好？

他们是一群遇强则强的家伙。我们不妨来学学梅尔·吉布森在电影中的表现吧。在《致命武器3》当中，梅尔突然在一条窄窄的走廊里和一只罗特韦尔犬狭路相逢。面对要把自己当成晚餐的对手，他的选择堪称迄今为止最成功的推销。他趴在地上，转动着一双大眼睛，像一只小狗那样低声呜咽起来。几秒钟后，他不仅没有被撕成碎片，反倒被他的攻击者当成了最好的伙伴，这只罗特韦尔犬舔着他的脸，蹭着他的脖子，简直和他亲密无间。

我不知道这种办法对一只真正的罗特韦尔犬是否也能奏效，我也并不想真的去验证一下！但是，这种想法却是颇有道理的。试着和看门狗交朋友，让他们健壮的体格和坚韧不拔的精神为你所用，而不是被用来对付你。和他们平起平坐，用他们能够理解的方式来交流。

看门狗一开始提出的问题往往很程式化："我负责接听某某的电话。你有什么事情吗？"这时不要用打发下人的口气回答他们的问题，而要说："太好了！我来跟你说说我的产品吧。"或者："我想了解你们公司的一些情况，请听我谈谈吧。"态度要友好、谦逊、亲切，千万不要在他们面前表现得居高临下。

你对待他们要和对待决策者一样。我们在参加销售培训时经常听到这样的话："不要在决策者之外的任何人身上浪费时间。"有时候这完全是废话，因为在那个时候，私人助理就是真正的决策者——他的想法将决定你能否跨越第一道门槛。对他们要尊重、诚恳，这样你才有可能很快听到以下答复："哦，这件事情你得和某某谈谈，他比我更了解情况。"

如果你能做到这一点，那你就找到了一个很好的内应和推荐人。你要对他们透露一些信息，这样才能和他们成为朋友。建立融洽的关系永远都不是浪费时间，因为今后你必定能从中受益。

接下来要说的是猪。

小狗能把你扔出去的任何东西都拾回来。长大一点以后，它们开始在意自己的爪子会沾上什么东西。销售狗也是如此。

要判断一个目标客户究竟是观望者、初次购买者还是非常有诚意的目标客户，需要一定的能力，而这种能力来自经验。根据我自己的工作经历，以及和出色的销售人员的交谈，我发现，我们当中没有谁在狩猎过程中是置身事外的。你永远也不知道对方有什么意见,除非你发问。不要在最初花费大量时间学习如何估算一笔交易的价值,这完全是浪费时间。另外,这样做还失去了非常有价值的、面对面的学习机会,而你必须在工作过程中把握这些机会。

骨头: 我在面向公司的销售中学会了"向客户的秘书表示敬意"。要记住他们的名字和需求,随时向他们表示感谢。要知道,他们可以成为你最大的盟友,也可以成为你最大的梦魇。

不过,有一种动物是所有经验丰富的狗都应该学会回避的,那就是猪!事实上,猪被公认为聪明的牲畜中的一员,虽然它们不讲究卫生,也没有什么幽默感。猪除了聪明之外,还非常"猪头猪脑"。

当我还是个孩子的时候,我们家的农场里养了两只德国牧羊犬。它们愿意和农场里的每一种牲畜待在一起,追赶它们或者和它们一起玩耍,只有猪例外。猪是唯一一种拒绝玩耍的牲畜,它们爱做的无非就是打呼噜和四处逛荡。如果狗去尝试让猪玩游戏,猪会觉得很烦,没准儿会突然转过身来袭击狗。你是否也见过这样的目标客户或这样的人?

我爷爷曾经跟我讲过一句俗语,多年来,我和我的朋友在销售和教学中常常拿这句充满智慧的话来说笑。你可能也听说过这句俗语——"不要试图教一只猪唱歌,这会让它烦躁不安,何况它也唱不出什么调调。"

猪一样的人有这样一种特性:在无可辩驳的理由、逻辑和个人利益面前,他偏要哼着鼻子、打着呼噜和你争论不休。他们没心思听,当然也无意购买,只想在自己的泥坑里打滚。他们希望你走近他们,这样通过和你对抗他们就可以给自己找个理由,继续无所事事、心安理得地躺在一堆烂泥中。

俗话说："顾客永远是正确的。"我倒觉得，要想让这句话听起来更有道理，就得把它改成："正确的顾客永远是正确的。"换句话说，有的人不管你做什么、说什么、向他提供什么，都只想做只猪。他们不想合作，不想点头，更不想跟着你唱歌！他们想做的无非就是挑战你、冒犯你、纠缠你。不要浪费你的时间了！天知道我曾经浪费了多少时间试图说服一只猪，而他很可能更想自己单独待着。

有的人就让他自己待着好了。经验丰富的销售狗能一眼看出眼前的人是不是一只"猪"。我的朋友罗伯特·清崎喜欢说的一句话就是："如果你浪费时间和一个白痴争论不休，那世上就又多了个白痴！"

第15章
狩猎
——销售狗的"蹭蹭"周旋套路

无论是金毛猎狗、比特狗、狮子狗、吉娃娃、巴吉度猎狗，还是这几种个性迥异的小狗的混杂品种，都必须遵循同样的套路才能取得骄人的销售业绩。唯一的不同之处在于，在具体运用该套路时，他们会表现出不同的风格、采用不同的方式。

在我从事销售行业，与那些出色的销售人员共同打拼的这些年里，我发现销售过程其实是非常简单的。在本书中，我试图打破有关销售的一些神话，告诉你我领悟的道理和不为人知的秘密，这些都是我花费了多年时间才发现的。没有人愿意把这样的信息拿出来与人分享，因为它们通常都是用数不清的血汗和泪水换来的！

我已经向你介绍了关键性的思维方式和一些类似于捷径的技巧，如果你把它们都掌握住了，一定能提高你的工作效率，挖到你想要的那一桶金。不要在其他事情上浪费太多的时间。如果你的思维方式正确，就可以接着学习下面的内容了。

不知你是否见过这样的场景：一只小猎狗被拴在路灯柱上，因为它的主人要花两分钟的时间去一家商店买彩票。这只小狗不停地绕圈子，一股脑地向前冲，绳圈眼看就要被拽断了。

这像极了身为销售狗的我们，运用每一种无坚不摧的销售理论、策略和体系，努力打开一个充满活力、值得期待的市场。

直接销售没有任何复杂之处，大体上可以分为 3 个基本步骤：

- 确定目标客户。
- 约见——通电话或面谈。
- 签合同（成交）。

赢得目标客户

这不过是一场游戏，一场简单而有趣的游戏，并不是针对你的自身价值或智商的测试。

一只狗拿到球的时候会缠着公园里的每一个人，直到有人同意把球给它扔出去。它们知道总会有那么一个人愿意把球扔出去的，问题不在于是否有这样一个人，而是什么时候才能找到这个人。作为一只销售狗，你必须拥有同样的心态。

大骨头：销售纯粹是一场精力的较量。当两个人在同一个市场上做销售，精力最旺盛的那个就是胜者！

估量还是不估量，这是个问题

至于你是否应该花时间去估量一笔尚未开局的交易的价值，人们已经谈论得够多了。花时间去确定人们对你的产品或服务是否感兴趣，和直接上前询问每个人的态度相比，哪种方式更划算？我认为你不应该在一开始就去考虑对一笔交易进行估量，主要出于以下4个原因：

1. 销售是一场精力的较量——你付出了多少精力，就会得到多少回报。所以，从激发精力的角度上看，走过去和人们直接交谈更有价值。

2. 你有可能判断错误。你也许认为自己的产品显然对某位目标客户没有什么用处，但是你并不能肯定，也不知道他了解哪些信息。很可能他的一个朋友恰巧正在到处寻找你的产品，却无论如何都找不到。这些你是无法了解的。

3. 通过和一个并不太重要的客户打交道，有助于你练习如何应对拒绝，让你对拒绝越来越不敏感。

4. 若想弄清楚一个人对你的产品是否感兴趣，最便捷的方法就是直接走过去问问他！

你要把"是的"作为自己的座右铭，对任何事物都说"是的"。是的，你要去参加派对；是的，你要给某个人的朋友打电话；是的，你要主动帮助一个同事或朋友。你要做的就是与每一个人保持联络，哪怕他们对你的产品或服务只表现出一点点兴趣。你不必在乎他们喜欢你还是讨厌你，有钱还是没钱，只要能站到他们面前就行了。机会无处不在，你可以通过一个朋友的朋友，或者翻开电话簿随意选一个号码拨过去，甚至把电话簿上的号码统统拨一遍——

方式并不重要。

第一步

　　永远也不要和不知道你是谁的人交谈，除非你已经和每一个知道你的人都谈过了。你应该去见那些由你熟识的人向你推荐的人，或者对你的市场营销有所回应的人。

　　记住，所有的市场营销手段——邮件、传真、广告或网页都必须包括一种服务，这种服务应能促使人们作出回应并咨询更多的信息。你可以在主页上打出标题，向注册的客户免费提供某种服务，或者在推销信件中声明，为月底以前回复的人免费提供价值250美元的咨询。怎么样？发挥你的想象力吧。

　　赢得目标客户是一种通过联络激发人们购买兴趣的艺术。总有人认识某个人。从年度报告、商业期刊、企业黄页、新闻报道和杂志中搜集名字和联系方式，发放问卷。你还可以通过其他公司得到目标客户的联系方式，或者寻找其他能从你这里获利的机构，向他们的客户提供你的产品或服务，把他们的客户变成你的目标客户。我在使用他人的数据库时，如果对方的客户和我达成了一笔交易，我通常会给向我提供这位客户联系方式的人一部分回扣。如果你是一只比特狗，大可以走出去在对方毫无准备的情况下打陌生拜访电话。而我从狮子狗那里学到了一点，那就是寻找目标客户完全取决于联络。你认识的人中谁的交际面比较广？问问他们认为谁有可能对你的产品、服务或你提供的机会感兴趣？和你的朋友以及老客户谈谈，向每一个人寻求开局的机会。这样，雪球就开始滚动了。这个过程其实很简单：找到一个或多个能帮你把信息传播出去的人，你每次只需向这些人透露最新的产品或信息，然后通过他们了解谁想获得更多的信息，那么这些人就是你的目标客户。这次没有成为目标客户的人通过推荐也会成为你的目标客户。

第二步

用你感觉最舒服的一种方式与目标客户建立最初的联系。每一种销售狗都擅长某种独特的交流方法。金毛猎狗和巴吉度猎狗倾向于使用介绍信，因为这相对而言不会太唐突，也比较随意。吉娃娃喜欢电子邮件的速度和科技含量，而狮子狗则偏爱与目标客户面谈，因为这样他们就可以闪亮登场了。如果不能见面的话，狮子狗会选择制作精美的小册子和销售信件——良好的形象和第一印象最重要。

大多数一对一的销售都是从打电话开始的。如果你具有比特狗的特质，那么打陌生拜访电话难不倒你，但是对其他品种的销售狗来说，很可能要在通过市场营销使目标客户对产品有一定的了解后，或者经人推荐后才会拿起电话，也就是说，他们可能不会一开始就采用打电话这种联络方式。有了最初的接触，下一步就是给目标客户打电话：

1. 感谢他们愿意抽出时间听你说，并保证你不会占用他们太多的时间，接着介绍你自己以及你推销的产品或服务。

2. 感谢他们愿意抽出时间听你说，并保证你不会占用他们太多的时间，接着问他们是否收到了你寄给他们的介绍材料，询问他们有没有什么要进一步了解的。

3. 感谢他们愿意抽出时间听你说，并保证你不会占用他们太多的时间，接着询问他们是否可以为他们提供更多有关该产品或服务的详细情况。

记住，要有礼貌，要热情，但是不要说得太多。问他们能否方便找一个合适的时间见面，如果可以的话，就把时间定下来。如果他们一时无法定时间，就主动提出一两个备选时间。你打这通电话的目的很简单,就是要约好和他们见面的时间。

如果你是通过打电话来完成推销的,就要问问对方,你提议的时间是否合适,或者还有没有更合适的时间,然后把时间定下来。要尽量让目标客户允许你在一个特定的时间再和他们联系。这样你就得到了对方的许可,可以和他保持联络。

在电话联系后,给目标客户写一封简短的信,感谢他抽出宝贵的时间接听你的电话,并告诉他,你很期待在某个时间和地点与他会面,他如果有问题随时可以给你打电话。最重要的是,要感谢他们对产品感兴趣。(你应该习惯在每次和人打交道以后都寄一封感谢信。)如果成本比较高,或者你的目标客户多达上千个,则可以发电子邮件,这样就几乎没有什么成本了。

第三步

如果你还没有做市场调查,那你可要赶快行动了。必须尽一切可能了解你的目标客户,以及他们的企业和所在行业,并且弄清楚他们最初获取产品信息的渠道。掌握了这些信息之后,你会对做成这笔交易更有信心,并可以向目标客户证明你对他们非常用心,并且投入了大量时间去了解他们的需求。

你可以事先准备一些目标客户有可能会问的问题,并把它们逐一列下来,然后找一个人和你预演一下。比如,你可以找一个同事把这些问题过一遍,你的同事可能还会问你一些你并未列出的问题,或者提出批评意见,这样一来,如果目标客户问到了类似问题,你就有备无患,并再也不会惊讶或是脸红了。

另一个重要的问题是,你要知道和你说话的人是谁。你要迅速判断出和你交谈的是一个什么样的人。大多数销售人员都忽略了这一点,而这可能是致命的错误。如果你用自己习惯的语言、从自己的角度和目标客户交谈,可能根本无法真正地和他沟通,而你自己也搞不清楚为什么会这样。

目标客户也可以分为很多种类型，每一种类型都有自己的特点，对此你应该有所了解，并区别对待。一旦你认定了对方所属的类型，就要用他们习惯的方式来交流——这样你们的交谈才能顺利进行。

如果你的目标客户是一只——

比特狗：

- 他很可能有极强的控制欲，态度生硬，把经济利益放在首位，所以你说话一定要简明扼要、直奔主题。
- 他可能不需要你太注重社交礼节。
- 你的提议要简短，不要长篇大论。
- 把你的产品或服务和他的经济利益挂钩。
- 不要绕圈子。
- 采取下一步行动前要征求他的意见。
- 突出强调将要面临的重点情况。
- 细节内容点到为止。

吉娃娃：

- 他非常关注细节、喜欢钻研。
- 提供包括事实和数据在内的所有证据材料。
- 对他们来说，精确度很关键，所以你凡事都要再三核查。(不要出现打印错误！)
- 提供的佐证要有理有力。
- 提议要详尽。

- 提供的推荐材料来源要可靠。
- 表达要清晰，所说的每件事都要有事实依据。
- 他希望能看到一份计划书。

狮子狗：

- 他很在乎形象，擅长社交，乐于通过交谈了解市场走向。
- 要和他保持良好的私人关系。
- 请别人帮你引荐。
- 告诉他你的产品或服务如何能提升他的形象。
- 他需要向其他人述职吗？
- 你是否是第一个在他所在的社区推销该产品或服务的人，这一点很重要（他们欣赏大胆革新的人）。
- 对他们曾经取得的成就表示钦佩。
- 征求他们的意见。

金毛猎狗：

- 他很看重服务，态度很友好。
- 重点向他介绍你的售后服务。
- 要有耐心，坚持到底。
- 要友善，和他建立良好的私人关系，征求他的意见。
- 告诉他你的产品或服务如何能让他长期受益。
- 产品售出后，真正的工作才开始。
- 主动尽你所能地为他服务。
- 请他做你的推荐人。
- 他会希望能看到你的计划书。

巴吉度猎狗：

● 他非常喜欢一对一的交往，注重商品或服务的价值，希望建立私人关系。

● 询问他的需求。

● 强调忠诚、服务、信誉和价值。

● 和他多待一会儿。

● 设身处地地为他考虑。

● 对他的处境表示感同身受。

● 态度要谦恭。

当目标客户开始说话的时候，你要悉心地观察他们的体态、心理和情绪，这一点非常重要。你可以巧妙地模仿他们的身体语言。比方说，如果他们双手交叉，你也可以双手交叉；如果他们跷起二郎腿，你也不妨跷一跷二郎腿；如果他们上身前倾，你也可以照做，不过不要表现得太明显。这么做只是为了让你下意识地和你的谈话对象建立一种融洽的关系。

如果对方语速很快，喜欢一边说一边用手比划，那他们可能非常擅长形象思维。所以你可以通过展示图片、影像的方式来与他们交谈。问问他们能不能"看到"你正在讲述的东西。

如果对方语速很慢，语调平缓，似乎每说一句话都要经过深思熟虑，那么他们可能是动觉很发达的人（以感受为主）。当你和这些人交谈时，也要放慢语速，语调尽可能平缓。更重要的是，要多和他们谈谈你的产品或服务会带给人怎样的感觉。问问他们能不能"感觉到"你正在描述的东西。请他们相信自己的感觉或直觉，跟着感觉走。这样做可以帮助你更顺利地和他们进行交流，让他们更了解你的产品或服务。

还有第三类目标客户,即我们所谓的听觉型。这些目标客户说起话来像唱歌一样。向他们推销时,你要让你的产品或服务听上去对他们很有用。这类人一般为数很少,和他们在一起的时候,你应该多说诸如"听上去真不错"之类的话。

你之所以要这样做,是因为这些表达方式将使你和你的谈话对象不知不觉得变得亲近起来。如果你们是通过电话交谈的话,那你最好说话时站起来,或者边走边说,你可以戴着耳机和话筒,这样会方便很多。采用这种办法会让你在交谈时显得精力更充沛,这一点电话另一端的人也能感受得到。这样做能让你的思路更加清晰,而且尽管对方并不在你面前,却照样能"看到"或"感觉到"你的情绪。你甚至可以考虑在自己的桌子上放一面镜子,这样你就可以在和客户通电话时随时看到自己的表现。如果你绷着脸的话,我敢向你保证,电话另一端的人一定能感受到你是绷着脸和他讲话的。

我们当年从事货运行业时,要做大量的客户服务工作,尤其要和一些喜欢吹毛求疵的人打交道。由于货运行业对时间要求十分严格,我们经常会面临服务不到位的可能性。我们所有客服人员的桌子上都有一面镜子,用来提醒他们要时时刻刻精力旺盛、面带笑容。你一眼就能看出有货车没能把货及时送到,因为至少有三四个人正戴着耳机和话筒一边打电话一边来回踱步,眼睛不停地看着镜子,以免自己看起来沮丧、无精打采。这种做法的效果非常神奇。

争取目标客户的最后陈词

你的行动和精力是决定能否拿到目标客户订单的关键因素。你的精力越充沛,战果就会越丰硕。你可以利用我们在前几章讨论过的调整心态的技巧,让自己一直保持旺盛的精力。

有一个很有趣的现象:当你忙于通过各种手段打造旺盛精力的

时候，你会发现你的精神头儿自然而然地就起来了。突然之间，大家都开始找你咨询，给你打电话，想了解你掌握的信息，想和你聊聊，想从你手里购买商品。

当你指导一个销售团队时，你要做的就是让他们吃饱吃好，然后让他们像野性未驯的销售狗一样去打电话、跑市场就好了。不要担心其他的事情，包括他们的销售业绩。

我那一天做68次推销的经历就是一个经典的例子。我没有试图推销任何东西，不过是想让自己成为一只销售狗罢了。在忙活了一天之后，我什么也没卖出去，只得到了一次预约机会。然而第二天，我就做成了一笔交易，而且我打的6个推销电话中有3个实现了预约！这完全归功于我旺盛的精力。

从一个办公室跑到另一个办公室，这听起来像是比特狗的风格。的确有一点，不过这么做更重要的目的在于释放精力。你在尝试这么做的时候可能会觉得有些别扭，这很正常。不过你完全可以用让你感觉最舒适的方式和尽可能多的人交流和沟通，因为采取这种行动的目的并不是为了走街串巷地和办公室经理搭讪，而是为了释放精力。你可以通过营销、服务、交友、散发数据资料等方式释放精力——方式不重要，重要的是开始行动！一旦你这么做了，你一定可以得到更多的客户和更多的预约。

预约

一旦目标客户的兴趣被你调动起来，接下来一定要提出预约或者承诺再与他们联系。在你和他们建立联系的过程中，这是至关重要的一步。下面介绍的几个步骤可以让你的预约顺利地促成一笔销售。

第四步

在按照约定会面或电话联系的当天,你要做好以下几个方面的准备:

衣着正式、得体。即使你所有的推销都是通过电话进行的也不例外,因为如果你装扮得体,心情就会很愉快,你与对方的沟通也会变得更加顺利。职业装扮能把你的思维调整到最佳状态,你的表现也会更加出色。记住,别人在见到你的几秒钟里,对你的第一印象就已经形成了。有的人还没出门就给自己挖了个大坑,一不留神就会掉进去。我的朋友雪莉·迈索那夫在她的作品《随意权力》中指出,衣着打扮正式得体的推销员和不修边幅的推销员的销售业绩存在着巨大的差别。一般而言,你的衣着打扮一定要比你的目标客户高出一个档次。要记住,在穿着很随意的时候千万不要拨打推销电话。

利用一切必要的手段把你的情绪和心态调整到正确的状态。换

句话说，在赴约前要选择你想要的情绪，要让自己兴奋、热情和快乐起来。如果你能做到这一点，那你此次约见取得的成果一定会反映出你的这种心态。

要守时。要比约定的时间提前至少5分钟到达约见地点。如果你是在一周以前预约的，要在上车之前给目标客户打电话确认一下。这既表明了你的热情和诚意，又表明你做事情很有计划。

记住，如果你答应对方在某一个时间回复电话，一定要信守承诺。我们当中有许多人似乎觉得电话预约没有面对面的预约重要，但是如果你刚开始和目标客户打交道就言而无信的话，那对方如何能够相信，今后与你合作的过程中，你的行为就会大有改观呢？

一旦你作出了承诺，就要信守诺言。言行一致对你来说非常重要。如果时间安排临时有变动，一定要尽快通知对方。

第五步

当你前去赴约或者如约给对方打电话的时候，记住，要把注意力集中在你想要得到的结果上。在与目标客户会面前，尝试着回忆过去的类似的成功经历。让曾经的成功在自己的脑海中重现，再次真切地体会当时的情绪。

当你第一次面见你的目标客户时，一定要面带微笑，主动与对方握手——如果在当地握手是习惯性的礼节的话。（握手时，既不要太用力，也不要太无力。和目标客户握手时，要和对方的力度相当。如果处理不当，对方立时会感到有些不快，这对双方建立合作关系来说可不是一个好兆头。）要等目标客户主动招呼你入座后再坐下。

如果你是和对方进行电话联系，微笑就更重要了，因为它会融入到你和对方的交流之中。

在初次谈话时，你唯一的重点就是要尽可能多地了解你的目标客户：他做什么生意、为什么选择做这行、为什么喜欢这行、他的理想是什么、遇到的挫折和问题是什么。这段时间不要试图去推销，而要用来问一些与目标客户有关的问题。哪怕对方主动问到了你的产品，也不要急于推销。在你的篮子里还没有装满关于他们的数据和资料之前，不要轻易开始推销。先放松一下！要表现出对目标客户的事情感兴趣，而不是让他对你的产品产生兴趣——至少现在不需要！如果你不得不谈自己，那就谈谈你和你推销的产品或服务打交道的经历，最好是你个人生活的有关经历。不要在此时推销！

了不起的销售狗愿意永远做学生，永远都在学习了解别人的心理和肢体语言，通过模仿、学习等各种方式帮助自己建立起和谐的人际关系。你只需花几分钟的时间，就可以浏览有关培养销售狗亲和力的软件工具包，从而掌握和目标客户迅速沟通、理解并建立亲密的私人关系的技巧，不管你和他们是直接打交道，还是通过电话或互联网进行沟通。

在此期间，你要提一些问题并聆听对方的回答。比如，你可以问：

- 请问你是通过什么途径了解我们的产品或服务的？
- 关于我们的产品和服务，你有哪些具体的相关需求？
- 当你得知这种产品或服务的时候，它的哪些具体特点引起了你的兴趣？

在听取对方的回答时要留心记住重要的信息，而且要有所回应，从而向目标客户表明你听得很认真，你是真诚地、全心全意地关注并渴望了解他们的想法。在他们说话的时候，注意不要打断他们，不管他们刚刚说过的话让你感到多么兴奋，都不要随便插话。

很多时候，销售人员会在目标客户发表评论的过程中插嘴，提出一种自以为绝妙的方案或主意。他们根据对方刚才的话来判断，对方一定会对他们的提议感兴趣。不要犯这样的错误，要自始至终听完对方的陈述。可能他的某些话让你兴奋不已，但是请记住，所有的目标客户都只是想把他们的想法告诉你而已。他对你听了他的话之后要表达的意见根本不感兴趣，除非他说完了他想说的话。所以，务必保持安静、专心聆听。

接着，你要继续提一些开放性的问题（仅用一个词无法回答的问题），比如为什么、什么时候、多少等。这些问题应该与目标客户本人有关，比如他们的业务、他们的本质需求和具体需求——如果他们刚才没有告诉你的话。换句话说，不要急于求成，如果是一笔商业推销的话，要更多地了解他们的业务。如果你负责的是零售，那就试着多了解他们想怎样利用你的产品或服务。总之，要尽你所能地多了解信息。

如果你做的是一种网络市场营销业务，那你要了解他们为什么参与其中，或者为什么对这种商机感兴趣。认真听取他们的回答，从中了解以下3点：

1. 他们的具体目标。
2. 他们想要如何利用该产品或服务。
3. 他们的心理期望。

你要了解的是他们希望得到怎样的感觉，或者如果该产品或服务满足了他们所有的期望，他们会产生怎样的感觉。这一点非常重要，因为当你开始答复他们时，必须以这些为标准向他们提供信息和服务。

如果目标客户想让你向他们介绍一下你的产品、服务或商机，并坚持让你先说的话，你应该礼貌地表示同意，然后在提出几个简短的问题之后开始介绍。不过，要确保先听对方说，这一点很重要，因为这样你就有了充分的时间放松自己，还能了解目标客户的一些重要信息——他们的经历、想法、需求、期望、肢体语言，等等。

第六步

第一次联络的唯一结果应该是订好下一次约见的时间，届时提供一份意见书、草案，或者一个能让客户实现他们对你提及的那些目标的操作流程。如果你在和客户初次交谈时就能做到上述这些，那就更好了。不过，即使第一回合没能达成交易，也不要灰心。记住，你目前的工作是和客户建立关系。

你在第一回合中的目标实际上是双重的。第一个目标，正如我刚才提到的，是创造一个机会、预约下一次见面，或约定一个时间为他们提出的问题提供更详尽的答复。你的第二个目标是向他们作出一个承诺，这样做没有别的目的，只是为了证明你可以信守承诺。（当然不能把这一点告诉目标客户。）你可以作出一些简单的承诺，如："我后天会给你打电话，告诉你我这边的进展情况。"或者："我会在48小时内给你寄一些手册和推荐信。"即使目标客户不需要这些东西，你也要创造机会向他们作出类似的承诺，然后履行诺言。这样你就开始在他们心目中建立了信用记录，让他们下意识地对你产生可靠、言出必行的印象。此后，在你和目标客户进行的每一次交谈中都要抱有这样一个目的，那就是保证至少向他们作出一个新的承诺，以便在不久的将来能兑现这个承诺。

记住，好狗总能在球被扔出去之后把它取回来，一次又一次不厌其烦地把球取回来。你也必须为目标客户设计这样一个球，通过作出承诺把球扔出去，从而为他们提供某种服务。当你把球放在他们手中时，实际上就等于替他们把球扔了出去，接下来你就可以重新把球捡回来了。这样一来，你就在他们的头脑中留下了一种难以磨灭的印象，让他们下意识地信任你、关注你。他们会打心眼里认为你值得信任，今后，当他们要在你和别人之间进行取舍时，就会记起你是言出必行的。

在此后的会晤中，你要按计划提供更多的材料，展示更多的意向书，作出承诺，然后签下订单。

让我们看看弗朗辛的故事吧。弗朗辛既漂亮又很有亲和力，她除了待人诚恳外，最大的优点就是聪明，并能真诚地关心他人。

每次弗朗辛在销售会晤后回到办公室，她的经理都会问："你今天做成了几笔交易？"这让她非常郁闷，尤其是当她无法满足经理的期待时。她对这份工作感到很灰心，并最终离开了公司。她发誓再也不做推销了，而要去做一些压力不大、收入更稳定的工作。她的一个朋友建议她去面试一个销售职位，通过电话推销互联网服务。她说这类工作会让她痛苦不堪，自己再也无法承受销售——尤其是电话推销带来的压力了。不过她反正闲着也是闲着，就去了。结果她喜欢上了这种服务，而且很快就和主持面试的经理艾玛建立了很好的关系。她在面试中对艾玛说出了自己的顾虑。艾玛鼓励弗朗辛再尝试一次，她告诉弗朗辛，每次拨打电话只有一个目标，那就是争取与目标客户再一次通电话的机会从而为他们提供更多的信息、履行自己作出的承诺，或者跟踪一下进展情况。艾玛知道弗朗辛是一只地地道道的金毛猎狗，非常愿意为客户提供服务，同时她也是一只巴吉度猎狗，有能力赢得别人的心。尽管弗朗辛与别人的交谈都是在电话里进行的，她还是成为了团队中最出类拔萃的销售狗。她再也不用担心能否成交的问题了。她要做的就是尽可能定下下次电话联系的具体时间，然后再按部就班地如约和对方联系。对弗朗辛来说，每一通电话就是一次服务的机会，每一次的电话约定都是为了建立起更深厚的关系，而成交自然成了水到渠成的事情了。

第七步

多年来，当销售给我带来些许麻烦的时候，我最爱走的就是这一步，也正是这一步，使我20多年来始终稳居第一，数不清的金钱也随之而来。我的技术助理为此恨透了我，我的商业伙伴和我为此共同度过了许多不眠之夜。直到今天，我有时仍要为此彻夜不眠，不过我仍然一如既往地决定坚持这样做下去。

那就是，对他们有求必应！

是的，就是这一步。它就是我所说的"魔杖法"。"如果我能驱动魔杖，创造一个最理想的方案，提供最完善的服务、最明智的策略、最完美的房子，结果会怎样？"我会认真聆听对方的回答，再问几个具体的问题，然后准备提供他们想要的服务。我会跑到地球的尽头为他们找到他们想要的"球"，不管它被扔到了什么地方。我会让他们随时了解我一路上所进行的调查、创造、尝试和我经历的种种磨难（还记得要保持联系的原因吧？），然后想办法找到一种途径，解决他们面临的问题。

当你问他们需要你挥动魔杖达成他们哪些愿望时，他们可能会提出这样一些典型的要求："我想要一种能彻底改变我的经理们的心态的培训，让他们意识到自己是教练而不是独裁者。""我想要我的货物每周一上午9点前到达纽约。""我想要找到一种获得财务自由的方式，同时又不用辞掉现有的工作。"

很多时候，我实际上就是在运用这种技巧，甚至把客户的要求提得更高，我向他们保证，如果我不能提供他们想要的服务，他们就无需付款。迄今为止，我只遇到过一次退款，原因是我对自己提供的培训的结果不够满意。

所以，对于大部分合理的要求，总会有解决的办法。了不起的销售狗就能把这个办法找出来。有一次，我的一个朋友在四处寻找一个投资顾问和一个新的会计。他见了很多有资历的候选人，也逐一对他们进行了面试，但总是不满意。在一次派对上，他偶然向一个年轻人提起了这个令他烦心的事，而那个家伙恰好是一个会计。他很聪明地向我这个朋友提出了这样一个问题："如果我能驱动魔杖的话，你想要我提供的投资策略是什么样的？"我的朋友有点恼火，因为在那之前，所有人对他说的都是自己不能做什么。过了一会儿，他回答说："哦，我希望能在延期纳税的基础上进行投资，在将来的某一天把钱免税收回来。"那个年轻人笑了笑说："谁不希望这样啊？"然后他很快补充道，自己也没有把握，但他随后问我的朋友是否愿意在下个星期的某个时间到他的办公室面谈，届时他的一个保险业同事、一个证券投资经理和一个税务律师也将到场。我的朋友高兴极了。我不知道他是否得到了自己想要的全部东西，但是当我问起他的时候，他只是咧着嘴大笑着说："我有一个专业的团队在处理这个问题。"在上述案例中，这个会计很聪明，虽然他自己没有解决问题的办法，但是他并没有就此放弃，而是想方设法地搜索对方想要的方案，为自己和自己的几个朋友赢得了一个终生的客户。

我在IT行业从事销售的时候，我的技术助理经常会冲我吼，说我们的电脑不可能具备我向客户承诺的那些功能。我告诉他们，我们应该尽量想办法去做到。通常我们都能找到解决办法，或者找到另外一个能满足客户需要的系统。我也曾为此失去几个客户，但只是很少的几个，而且这些客户肯定也成了我的竞争对手的沉重负担，因为他们的期望值已经被我抬高了。

安排落实（完成交易）

第八步

不管是在第一次预约还是在以后的预约中，你总得向对方透露些信息。如果你已经向对方提出了问题，感觉和对方在一起很舒服，并且认为彼此已经建立了某种联系，就要开始对他提出的问题进行答复了。向他解释你的产品、服务或商机将如何解决他面临的切实问题以及心理和情绪上的问题，并留意他的反应，包括留意他的肢体语言。是点头、眉头紧锁还是双臂交叉？在和你说话的时候是忙着工作还是两眼发呆？

要留意所有的身体暗示，并尽快作出反应。当目标客户的肢体语言明确表明他们不感兴趣或者不同意你的说法时，不要不知趣地继续没完没了地发表演说。如果在你说话的时候，你的目标客户着手去做另外的工作，这可不是一个好兆头。你必须停下来，跟他确认一下你正在谈论的要点。如果你看到的是消极的肢体语言，或者感觉局面开始失控，一定要停下来，问问客户是否理解了你所说的话，他意下如何，有没有听明白。随便问什么问题都行，只要能得到对方的回答，你就能知道自己进展到哪一步了。如果你不能肯定这次谈话是否进展顺利，就不要一个劲地给自己挖坑了。提些问题，如果他的肢体语言或答复都比较积极，说明事情进展得很顺利。时不时地再和他确认一下，问问他对你提供的信息作何看法，方式要灵活。如果有必要可以暂时改变进程或方向，不要不知变通，但是一定要遵循目标客户的意愿。

当时机成熟时，你就可以开始询问目标客户对如何利用该产品、服务或机遇持有什么观点。让他们说说自己希望事情如何进展下去，什么时候才算时机成熟。只要你感觉目标客户理解、同意或支持你所说的话,时机就到了。如果你对他提出的异议基本上都已经进行了答复和解决,并且你的答复和解决方案让他感到很满意,如果看起来已经没有什么悬而未决的问题,那就意味着时机成熟了,你可以开始提出接下来的问题了。

我把这一过程叫做"安排落实"。你应该把"交易完成"这个词从你的推销字典中删除。没有人愿意被完结,而且许多推销员很害怕成交这一关。你应该这样看待这个过程,就是仅仅把它视为一种安排和落实,落实如何安装、实施、交货或注册等问题。首先,问问他怎么想,或者他感觉如何。一旦目标客户开始思考这方面的问题,那一切都好办,你只要问问他们"什么时候""在哪里"和"怎么做"就行了。"你想什么时候接受服务?""你希望什么时候开始?""你想什么时候利用这个机会?"

与此同时,当然也可能是在作出安排之前,对方无疑会提出一些疑问和异议。记住要提前训练自己应对批评的能力。尽量快速、多次、密集地进行训练。这么做的目的在于,当谈话过程中对方向你提出批评意见的时候,这种批评就成了谈话内容的一部分,而不会让你的情绪出现太大的波动。尽你所能地对所有的批评和疑问作出简明扼要的答复。不过,在大多数情况下,在答复疑问或处理批评意见时,比较合适的做法是先提出一个问题,比如:"谢谢,你感觉这可能略微超出了你的预算,对此我十分理解。你这么认为的理由是什么呢?"或者:"你说现在你还没有准备好,你为什么会这么说呢?"

你提问的目的是为了弄清楚原因,而不是试图给目标客户设一个圈套,这样你就对他的难处表示出了诚挚的关切。一定要不断地提醒他们,一旦拥有了你所提供的商品或服务,他们将得到哪些切实的利益,以及会给他们带来哪些心理上的、令人无法抗拒的好处。千万不要试图操纵目标客户,他们会对此有所察觉,而且会像所有的困兽一样挣扎着逃脱。销售是交友，是建立关系而不是一场智力对决。

这就是为什么说你不一定非得是一只军犬，也照样能在销售中赚大钱的原因。比特狗、狮子狗、金毛猎狗、吉娃娃和巴吉度猎狗都能凭借各自的优势在销售过程中表现出色。

吉娃娃的狂热有助于建立非常融洽的客户关系，因为目标客户可以看出他对自己是真的很关心、很在意。金毛猎狗可以为客户提供支持与理解，这是他们特有的优势，他们能让目标客户打心眼里感到温暖。狮子狗可以为目标客户就某一方案提供专业的看法，让目标客户对产品、服务或商机所具备的优势和可靠性充满信心。巴吉度猎犬是打造良好人际关系的大师，他与生俱来的聆听能力和对客户的苦衷自然流露出的同情与理解，会让目标客户在一连数月都和他亲密无间。看家狗活着就是为了眼下这一刻，面临的机会越多，他们就越兴奋。比特狗到了这个阶段就要注意了，要有耐心，要把批评转化成进一步的交流，至少要装成感兴趣的样子。在此给比特狗的提示是：关注眼前！不要多想，不要对自己或目标客户妄加猜测。

这一轮需要做出的预约可以是1次，也可以是6次。发挥你的判断力，估计一下自己的精力什么时候会开始走下坡路。要试着在状态开始低落之前结束谈话。最理想的情况是以中等的状态开始、以绝佳的状态收尾。及时打住，让对方心存期待，期待你将来提供更多更好的信息。在每次交谈中都要向他们提出一些安排或落实方面的问题，起初可以笼统一些，然后再具体一点，应付大部分异议和疑问的方式也是如此。

大部分目标客户若是真的对你的商品感兴趣，就会非常清楚自己想和你怎样把交易落实下来。不过也有人可能对你的商品并不感兴趣。那没关系，不要往心里去。你每次去商店难道都是见什么就买什么吗？当然不是了。可能这个人想要的东西你没有，这没什么大不了。一旦你意识到自己没有合适的办法解决顾客面临的问题，就要坦率地承认这一点，这会为你树立起良好的声誉。如果你不得不退出，也要体面地退出，然后很从容地询问这个目标客户，是否恰好认识别的什么人有可能对你提供的产品、服务或商机感兴趣。从他那里要来这个人的名字和电话号码，并问他是否愿意给这个新的目标客户提前打个电话，告诉对方你将和他联系。

还有一些人所遇到的目标客户没有足够的勇气作出决定。所有的问题都得到了答复，而且该目标客户确实非常需要你的产品或服务，但他似乎无法下决定。对一个做了大量工作、投入了大量精力、已经到达这个阶段的推销员来说，这种情况实在让人郁闷。当心！不要失去耐心！如果你把扳机扣得太快，便会前功尽弃。你在面临这种困境时，可以尝试下面的做法：不要再提出"有关安排上的问题"，你只需告诉目标客户，你可以在何时、何地或是如何提供你推销的商品。注意他的反应，他可能简单地表示同意，说由你来安排，这样，这笔销售就算成交了。如果他还是犹豫不决，你就要试试比特狗的做法了。我曾经试过这样的做法，效果挺好的。我是这样说的："好吧，随便你。不过请告诉我，我该做些什么才能让这笔买卖成交呢？在这一点上，不管你让我做什么，我都愿意效劳。在我们进入实质性的阶段之前，还有什么问题需要解决吗？"

记住，如果你自始至终一直表现得像一只纯种的金毛猎狗的话，那么敲定一笔交易就不会有什么问题。问问你的目标客户，他是否能想象得出一旦拥有了这种产品、服务或商机，自己的生活会发生什么变化。等他开始说的时候，你只需要问问他是否现在就开始。

我很想说，只要按照这个步骤走上一圈，你就大功告成了。然而事实并非如此,这些步骤可能会是一个周而复始的圆圈,你和你的客户会不停地周旋于其中。销售就像是跳舞,你需要移动脚步、摇摆身体、弯腰鞠躬、不停旋转。和跳舞相比,销售唯一不同的是这里的音乐永远不会真的停止。如果需要的话,你可以转而和同一个舞伴再次携手共舞。

你要不断地努力让目标客户了解你可以为他们提供哪些售后服务与支持。告诉他们把产品推销出去只是个开始,而不是结束。一旦成交,有关支持、安装、应用和有助于你取得成功的其他一系列工作也就拉开了序幕。你要向客户保证,如果这些没能兑现,你将非常乐意无条件地退还他们的全部资金。做到这一点非常重要,这等于把所有的风险从客户那里拿过来放在自己这一边。

永远不要害怕提出这样的问题:"我们什么时候可以开始?"如果你每次都用同样的方式提问,客户会感到有压力,所以你要用不同的方式、在不同的时候提出类似的问题。

如果你的目标客户需要更长的销售周期,那么你每次和该客户打交道时的任务就是首先和他达成一项协议,履行你的承诺,同时要让他也承诺采取进一步的行动。这个行动可以是完成财务报表、完成一项调查、访问一个用户的网站,也可以是和一个正在使用该商品的用户交流一下。

记住,在整个推销过程中,总会有那么一个时间,买方会觉得这笔交易非常完美。在这一刻他会极度兴奋,为自己这个颇有创意的决定而感到骄傲,或者只有在这一刻,他才能够真正想象出自己正在采购的商品将给自己带来哪些好处。这个时候,你要及时地提出这样一个绝妙的问题:"你还认识什么人会对这种商品感兴趣吗?"这一刻可能出现在签下订单前的某个时候,也可能出现在成交后的几天或几周内。但是,千万不要在目标客户正在签字、或刚决定购买时提出这样的问题。不管他看上去如何镇定,此时他的心里总不免会产生一丝畏惧和犹豫,或者会忍不住胡思乱想。别逼他了!

不要提出类似的问题,除非他的骄傲情绪非常稳定,否则你的问题会让他产生一种买方容易出现的后悔心理,让他觉得你感兴趣的只是把商品推销出去,而不是和他建立长期的关系。这个问题如果问的是时候,他会毫不犹豫地把另一个人的名字告诉你,而你就可以像滚雪球似的与越来越多的人建立联系,再也不用不打招呼就去联系陌生人了!

概述

赢得目标客户

1. 和你最先认识的人交谈。
2. 用你感觉最舒服的方法进行初次接触。
3. 做好市场调查。

预约

4. 给对方留下良好的第一印象。
5. 在赴约之前,把注意力集中在你希望达成的目标上,而不是一味地恐惧。
6. 再次预约下一次见面或电话联系的时间——找一个保持联系的理由。
7. 对他们有求必应。

安排落实(完成交易)

8. 提出问题并处理批评意见。认真听取目标客户的意见并观察目标客户是否有想要购买的迹象。敲定买卖,用适合客户的方式而不是适合你的方式来达成交易。

骨头：成交是一种态度，而不是某一次交易中最后发生的事件。你应该始终专注于询问、安排、落实，并尽快解决出现的问题。

第16章
这到底是谁的灭火龙头
——领地管理秘诀

世上没有一只狗不了解哪里是自己的领地，也没有一只狗在自己的领地遭到侵犯时还浑然不觉。你那顽皮的小狗总是抬起腿，不管三七二十一地四处撒尿，以此划出自己的领地。大部分销售狗——当然不是所有的销售狗——也会通过一种更文明的方式来划出他们的领地。

销售狗的领地可以按地域、产品、行业、目标市场群体或者关系网络来划分。不管如何划分界线，划界的规则和保护个人领地的方式却是相同的。

一只出色的销售狗必须学会如何监管自己的领地。像狗那样划出自己的领地显然不被社会所认可，但你可以通过其他许多方式划分和管理个人的领地，而且做好这项工作将有助于你取得重大的成就。

和世人的普遍看法恰好相反，管理自己的领地并不仅仅是为了防范竞争对手或入侵者。在销售界，个人领地的确立非常重要，因为它赋予了销售狗一种意识，让他意识到自己的战场在哪里，并让所有场内的生物都知道谁是这片土地的"主人"。销售狗在领地中逡巡过多次以后，就会熟悉这里的每一种气味、每一块构造和每一寸

土地的蜿蜒起伏。他对居住在该领地内的每一个生物都了如指掌,深知它们的习性、礼节和风俗。

销售狗会保卫和监管自己的领地,对领地内的一点点躁动和变化都感到无限好奇。销售狗应该对自己领地内的每一家公司都了如指掌——他们在行业中的排名、各自的管理理念,他们是在扩张还是在萎缩,等等。同样,销售狗应该对那些和自己保持合作关系的人也了如指掌——他们的社会地位、别人对他们的评价、他们的事业发展方向,以及他们面临着怎样的情绪问题。一旦这只销售狗掌握了上述的所有信息,那么领地内所有的生物都会把他视为该领地的管家。

我有一个朋友,多年来一直在悉尼从事办公产品的销售。自从他开办了这样一家商店后,他就开始兴致勃勃、认真负责地巡视那片领地。在悉尼或者在整个澳大利亚,在办公用品行业内没有一件事情是他不知道的。虽然有时候也有其他的狗前来冒犯,在他的领地里撒尿、乱划乱擦,他的销售额仍然保持持续增长。那些狗都来了又走了，只有他至今仍牢牢地守着那里。他非常成功，而且成了当地最大一批公司的固定采购来源。

由于他的耐心和他在那片领地上的长期监管，领地上所有的生物在经过一段时间后都倒向了他这一方。如果你有耐心、有远见，金钱就会滚滚而来，挡都挡不住。

这就是要监管一片领地并保住它、开发它的原因。这里每一个人都应该认识你，知道你是做什么的，而任何与你的产品或服务有丝毫联系的信息都应该在你这里汇集。时间和领地可以让销售技巧最拙劣的销售狗也变得富有起来。

对年纪尚轻的销售狗来说，这一过程相当艰难，因为他们没有耐心等待结果。所以在这个过程中，你要为自己赢得的并不起眼的胜利喝彩，对自己取得的成绩表示赞赏，这对保持情绪高涨十分重要。领地的管理并不难：就是每天、每周、每个月都不停地闻、不停地刨。这一点非常重要，因为目标客户会看到你一直在挖掘，他们会感觉你是在为他们挖掘新的信息。最终，目标客户会被你吸引过来，因为你已经在他们心中留下了一个稳定可靠的印象。这是巴吉度猎狗的强项，这个强项绝对值得其他狗学习。

顺便说一句，我们在前面讨论的技巧，即如何对目标客户和老客户作出承诺并信守承诺，在领地管理上也是一个重要的诀窍。有目的地向他们作出承诺，答应给他们打电话、写信、顺路拜访他们、为他们提供信息或者一些商务或非商务的服务，通过这些，你可以逐步在他们心目中建立一种值得信任的形象。

虽然总会有新来的狗在你的灭火龙头上撒尿，在你的客户身边蹭来蹭去，但假如你是一只明智的销售狗，仍要持续保持可靠和忠实的姿态。

你会被视为栋梁，而不是拆台的人。

第17章
远离流浪狗收容所
——销售狗的职业发展

你和我这样的人之所以被这种工作强度大、压力大、充满机遇的销售行业所吸引,其中的一个原因就是我们都喜欢追逐,喜欢赢,喜欢一次次面对挑战。我们就是为了下一次刺激、下一笔交易以及下一回冲刺而活的,有这种个性的人是永远不会停止搜寻猎物的,这是好事。但是,我们如此渴望得到既快又多的满足,最终也可能让我们误入歧途。

如果你在很长一段时间里把狗独自留在家里,不去陪伴它、鼓励它,那它最后就会把房子拆了,把家具啃得稀巴烂,四处游荡,擅离职守。而如果一只销售狗失去了与他人的互动和交流,最后也难免会做出同样的事。

出色的销售狗都明白自己需要集中精力、全力投入并保持耐心。而你对你的领地、行业和产品来说也应该如此。如果不管什么时候,只要发现还有一块地方尚未被你扫荡过,你都要翻过篱笆、跳槽而去,那你为了解领地所花费的时间和精力就失去了意义。

所有出色的销售狗都在长期实践中通过某种方式逐渐培养出了一种行为准则,那就是集中精力、持之以恒、习惯于延迟的满足感。而没有经验的销售狗,尤其是一些极度兴奋、容易紧张、信奉完美主义的销售狗，在销售额不尽如人意的时候就容易惊慌失措，甚至在销售业绩令人欣喜的情况下，也总是用一只眼睛瞄着后门，觉得外面可能"有更好的事情出现"。

你要想找到一条沦入流浪狗收容所的捷径，那就不妨用那种"草总会更绿"的心态活着。在这个行业里，你只需5分钟就能从一个传奇人物变为一个失败者。这就是这种游戏的性质。你的成绩完全取决于你最近一次所完成的销售任务。

销售狗都受到了金钱的驱使，而且每个人因此都有很强大的动力。不过，不断地追求更大、更好、更多，可能意味着当我们的船快要靠岸了，我们却迫不及待地跳入了河中。要建立人际关系、让别人对你产生信任，你必须付出时间、精力、关注、投入、服务、忠诚和意愿。而有太多的流浪狗却否定了上述的所有工作，把成功的势头拦腰截断。我们都梦想着做一个"手到擒来"的推销员，都梦想着所有的客户都能主动来找你、主动购买。如果你把时间都花费在从一家公司跳到另一家公司，或者更糟糕，从一个行业跳到另一个行业中，那结果往往是你前脚刚走，后脚就跟进来一个人，把你辛苦打拼取得的成果轻松地摘走了。如果你游荡得太久，就永远无法获得回报、取得成功。

那么，那些四处游荡的狗会有怎样的下场呢？

最终，他们会惹人生厌，被送到收容所里去。幸运一些的可能会得到第二次机会，但是大部分将被残害，被送去放牧或者被宰杀！

许多流浪的销售狗都渴望像从前那样去做推销，长期流浪的销售狗甚至还紧抓着那曾经的辉煌不放。他们会对每一个感兴趣的人讲起自己过去的那些辉煌战绩。

可是，对许多这样的销售狗来说，他们的斗志已经像被动过外科手术般地切除了——不是被兽医手中的手术刀，而是被市场切除了，因为市场总是欢迎那些似曾相识的微笑的面孔，这些面孔属于专注而投入的销售狗，而那些四处游荡、低声哀嚎、习惯逃跑、急功近利的流浪狗永远都会受市场的挤兑和排斥。

在这个世界上，到处都游荡着成千上万只原本很出色的狗，这些狗如果能得到正确的训练，找到好主人，都能成为冠军狗，成为了不起的猎手。销售狗也一样。过早取得成功对于有的销售狗来说并不是一件好事，因为他们会由此变得急躁起来，渴望再现辉煌，经受不起销售低潮的磨炼，从而错过了销售狗的成长黄金期。

记住，销售之所以被称为一个周期，就是因为它是一个循环，总是一圈一圈地循环反复。其中有喜有忧、有高潮有低谷，但是每一个阶段终究都会过去。

弗兰克是多伦多最出色的网络营销人员之一。他在很短的时间内就建立了一个发展速度堪称一流的销售网络。于是，他迫不及待地想再创辉煌，在两年内至少跳槽到6家公司，试图建立起一个与之前的公司类似的庞大销售网络。他本来前途无量，具备成为千万富翁的潜力，但是他没有毅力，也没有耐心。

那些曾经被他招为部下、多年来坚持在一个方向上努力奋斗的人现在都已经退居二线了，每个月可以坐收上万美元的免税收入。而我最后一次听到弗兰克的消息时，他不过是一个微不足道的小主管，埋没在某家大公关公司里，住在市郊，还在和别人讲述着自己当年的辉煌。

我的兄弟蒂姆是一只经典的销售狗。在他那种巴吉度猎狗的外表下，隐藏着比特狗的凶猛个性。当他还是一只年幼的销售狗时，曾经从一个行业跳到另一个行业，最终进入了库房设备和仓储系统销售行业。他花了好几年的时间才有所收获。尽管他尽了全力，还是没能找到适合自己的位置，因此我们一家人都很担心。蒂姆能行吗？他这辈子难道注定就翻不了身吗？

事实并不是这样。蒂姆的明智之举就是在这个过程中选择了几家公司，这几家公司在业界都很有名气，因为他们提供的培训是最出色的。他的转变是跨越数年的转变，而不是一年内在好几家公司之间跳来跳去。一旦他发现了一种能真正激发他兴趣的产品和服务（他总是喜欢研究货车和起重机），他在驯狗师职位的竞争中就会脱颖而出，把竞争对手抛在十万八千里以外。他的精湛技巧和丰富经验都已经累积到了顶峰。他现在住在克利夫兰黄金地段的一栋占地数千平方米的大房子里。我还记得他说过，虽然多年来他对自己曾经做过的那些职位一直都不满意，但他还是决心做下去，在起步之前尽量多地学习并掌握必要的技巧。

你一定见过这样的人——

他们似乎整天都在打高尔夫，从来就不登门推销或拨打推销电话，但他们总能找到最好的推荐人，似乎从来都不用为销售额担惊受怕，订单似乎总是源源不断。这是因为他们对自己的主人、领地、业务线路一直忠心耿耿，经过一段时间后，他们已经成了其他所有人争相效仿的榜样。他们之所以能得到如此令人艳羡的位子，就是因为他们已经成了这里资历最深的人，看上去就很有权威。

那些从一个地方跳到另一个地方的流浪狗就永远无法得到这种关键的能量积累，而正是这种积累才能让他们具备一种令人难以抗拒的吸引力。最终，他们战绩寥寥，由此导致动力不足，随之而来的是他们头脑中挥之不去的消极态度，而这种态度将使他们丧失销售的能力。

我认为，销售这个职业对任何人来说都能提供一种最有力的个人成长历练。为什么这么说呢？因为每一天，当你面对镜子的时候，你都不得不看到自己究竟是个怎样的人。你想什么、做什么、有什么感觉、甚至回避什么，都将决定你最终能把自己塑造成一个什么样的人。

我还发现，在世界的任何一个地方，几乎所有商界成功人士所取得的成就都能追溯到销售这个根源上来。这些人之所以坚韧、乐观、豁达，正是因为他们曾经无数次面对目标客户，无数次和目标客户打交道，其中既有大客户也有小客户。

你进入销售行业后要作的第一个、也是关键的决定就是——你该到哪里去工作。

要知道，作为一名职业销售人员，你在挑选一家公司的时候，不要仅仅考虑你最初能拿到多高的薪酬，而是要看另一个更为重要的因素，这就是你将在那里接受怎样的教育。不论你最终选择的是一家网络营销公司、一家房地产公司还是一家综合性企业，你作出这一选择的根本原因都应该是这家公司能为你提供出色的培训。

这将是你作出的最好的长期投资。多年前，我选择了优利公司的前身，当时我考虑的不是它的产品。事实上，当时它的电脑系统在业内是最贵的，性价比很低，销售起来是最困难的。不过，它提供的培训范围很广，内容很全面。在那里就职的4年里，我不仅掌握了销售的技巧，还培养出了一种根深蒂固的勇气和决心，并立志要做一个真正的商界高手。

作为一名经理人，如果你能把精力集中在如何对你手下的狗进行培训上，那你一定会成为大赢家。而如果你只关心收益，那你顶多只能取得短暂的、稍纵即逝的胜利。作为一只优秀的销售狗，你应该挑选那种能给你提供最好培训的公司。一旦找到了这样一家公司，就要承诺在那里至少工作四五年，这样你才能细水长流，才能得到持续不断的指导、培训和针对你个人的点拨，而这些只有在出色的销售培训中才能获得。就职时间的长短非常关键，它决定了你是否能真正地确立重心、掌握必要的技巧、习得必要的能力。如果你很快跳到新的地方去，那你接受的培训和指导就将被迫中断。如果你能表现出一定的毅力和耐心，那么时间会过得很快，而你最终将获得巨大的经济利益。

　　这就是为什么我倾向于选择网络营销机构的原因。好的网络营销机构能提供大量的培训和指导，因为每一个人都有一种天生的兴致，愿意对自己招聘进来的人进行培训，这能直接让他的腰包鼓起来。在现代商务世界里，网络意味着一切。只要你在人力资源上作出一定的投入，你所创建的网络的创收能力就能得到极大的提高。

　　一旦你知道自己属于哪个品种的销售狗，你就需要寻找一位导师（一只领路的狗），他属于另一个品种，能够教给你一只出色的销售狗必须具备的、同时也是你所欠缺的一些技巧。比特狗应该找狮子狗或者金毛猎狗做导师，从他们那里学到一些市场营销和服务方面的本领，从而掌握更全面的销售技巧。巴吉度猎狗需要请狮子狗教他做市场营销，而狮子狗需要跟吉娃娃取取经，从而既拥有光鲜的外表，又拥有广博的知识。

　　如果一只销售狗能够专注于提升自己的销售技巧，他的事业就会自然而然地得到拓展，就像一组不断扩张的同心圆一样逐渐发展壮大。对了不起的销售狗而言，他的事业发展一共要经历5次主要的拓展。每一次拓展都意味着占领一块更大的领地，拥有更多获取回报的机遇。

　　大多数小狗在进入销售生涯之初，都是给人推销一些零售的产品或服务，这种工作完全以推销为中心，而且几乎不需要做任何个人市场营销。具体而言，他们可能是在一个零售的大卖场里推销农产品、鞋子、办公用品或者男士服装。在这个阶段，成功的关键在于树立信心，有了信心，你就可以从容应对批评和拒绝，从而完成交易。你还需要旺盛的精力和一种感性的、专注的性格，这对建立客户关系、继续销售、提供服务和解决问题都非常重要。作为一只小销售狗，你要培养这些技巧，这样你就能走上一条充满激情、利

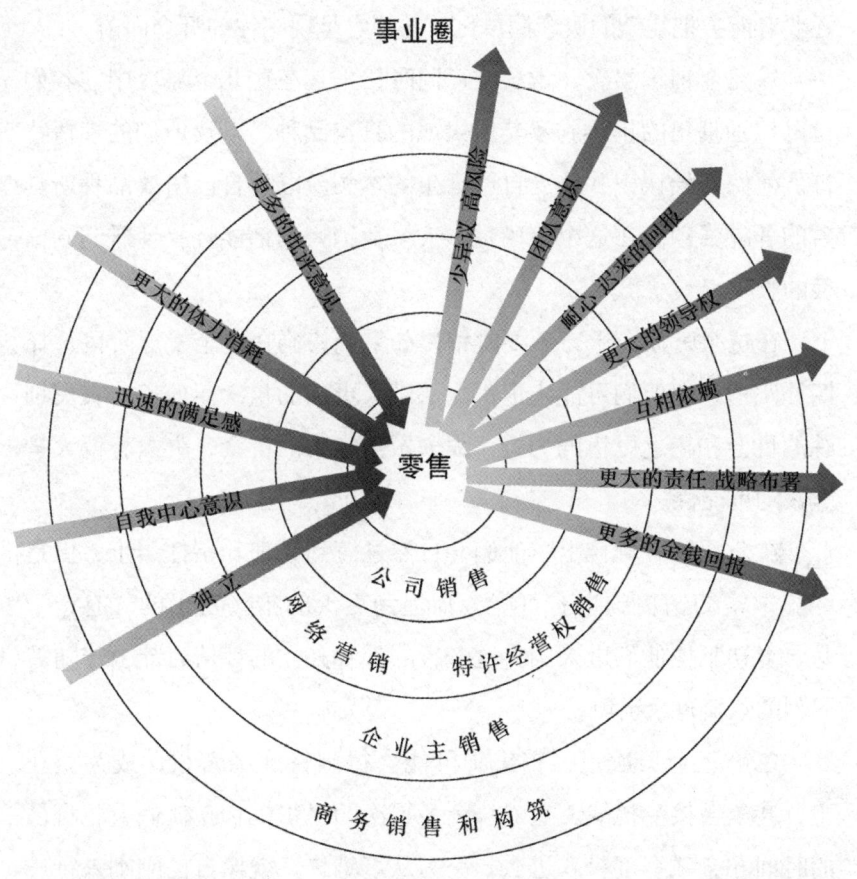

润丰厚的职业之路。

当销售狗逐渐成熟，学到了更多有关建立以及维持客户关系的技巧时，便来到了公司销售这个更高的层次。他们仍然在为某人推销一种产品，例如商用机器、货运服务或投资项目，但是推销的产品以及所建立的客户关系都更为复杂，得到的回报也更丰厚。

在这个层次上，你需要磨炼与人面对面交往的技巧，让对方对你产生信任。你需要习惯和高层决策者融洽相处，同时要习惯于巧妙并艺术地将损害赔偿控制在一定范围内。你必须能够即兴发挥、保持健康的思维方式，这对你在该阶段的发展非常重要，同时，你还要有能力把复杂的概念简单化,并把它呈现在你的听众面前。

这几个销售层次非常稳定,同时,正是在这几个层次中,我们可以识别真正的销售狗及其所隶属的真实品种,以及他们的性情特征。他们开始认识并接受自己天生的本领,以及自己所属品种所具备的各种强项。在这个阶段里,大多数销售狗都能轻松地赚到6位数的收入。

在这个时候,千万不要跳槽!如果销售狗在这个发展阶段选择四处跳槽,那他们可能永远都无法进入更高的层次。他们将丧失训练的机会和持之以恒的力量,失去做看家狗的机会,失去获得大量金钱的可能性。

在公司这个舞台上,他们会自然过渡到管理和指挥层上,但是经验丰富的销售狗也有可能会捕捉到更大的猎物发出的气息,于是,当初驱使他们进入销售这一行的那种独立的性情可能会伴随着强烈的热情再次出现。

在第三个层次里,销售狗可能会得到特许经营权,成为企业主,甚至会接受挑战,建立一个多层次的组织机构。他们会将自己的时间和金钱全部投入进去,全力从事销售,就像自己刚刚入行一样。此时风险更大,但回报也将是巨大的。事实上,此时的收入是没有上限的。不过这个领域相对而言仍是比较稳定的,因为销售与发行是有章可循的。在这个层次中,销售狗仍拥有一定的庇护,不会面临野外的种种危险。

要在这个层次上取得成功,销售狗必须让自己的演讲能力日臻完美。他们必须能够激发并传播一种情绪,让别人接受自己的策划,并能够陈述远大的构思蓝图。

对销售狗来说,下一个层次就是成为企业家,发展自己的理念、产品或服务,建设基础设施及业务机构,实现生产及销售环节。这一切都要依靠他自己的观点和他自己的团队。销售狗此时的工作不仅仅是销售，还涉及如何吸引投资者、借贷方、供应商以及被他纳入策划的其他同盟者。销售狗此时要对自己的行业技巧进行微观调整，因为如今他要顾及的远远不止一次销售，还有别人投入的资金、信心和支持。在这个层次上，失败的几率会非常高，但是可能得到的回报也是令人艳羡的。你问问比尔·盖茨和迈克尔·戴尔就知道了。

在这个层次上，激情是必不可少的，因为只有激情才能给整个团队带来动力，打消人们的疑虑。你要能发挥创造力去解决面临的问题，同时还要有能力找到简单的出路。要想在该层次上取得成功，是否拥有这种能屈能伸的能力是非常关键的。

对销售狗来说，销售个人产品并不是终极目标，销售个人业务才是至高的境界。进入这个最高层次意味着你已经成为了一名商务构筑者和销售者。有许多快乐的销售狗已经趟过泥潭，穿过丛林，成了一名了不起的商务构筑者。一路上，他们的本领和乐观主义精神使他们超越了其他的销售狗，而有的家伙虽然出身贵族，却本末倒置，跳到市场里就出不来了。所有这些成功人士都拥有一种潜在的本领，这就是能够创造一种构思，并按照这种构思去做销售。

要在这个层次取得成就，就要拥有相当的驱动力，同时还要有能力培养理念、构建策略，既能纵览全局，又能顾及细节，这些能力都是真正的本领。达到这一层次的销售狗都是天生的市场营销家，做起事情来非常系统化。他们很少来自单一的品种——通常是集合了每一种销售狗的最大优点：比特狗不怕死的劲头，狮子狗对市场营销的悟性和对想象即现实的认识，吉娃娃的数据知识库、金毛猎狗的低承诺高付出，还有巴吉度的信任和诚恳。这样的狗该有多么出色啊！

当你从销售狗销售的一个层次来到另一个层次，你的收入和发展机会就会呈指数级上升。而同时，你也需要对你的成果和你的生活承担越来越多的责任。在这个转变和过渡的过程中你会发现，推卸责任、轻易为自己开脱以及逃避职责的可能性越来越小，直至消失。你要对所有的结果负责。巴吉度猎狗对这一点的理解最深刻，甚至在他们还是小狗的时候就已明白了这一点，而且随着年龄的增长，他们会暗自期望这一天的到来。

在这个圆圈刚开始的时候，销售狗要做更多的销售工作，但是随着他们过渡到下一个层次，市场营销技巧开始和销售技巧同样重要。狮子狗对此最为擅长，而且会在早期、在一些低风险的领域里检验自己的市场营销技巧。

风险在不断加大，但奇怪的是，来自目标客户的拒绝和异议却在逐渐减少。不过，它们的分量更重了，因为从策略、生产、支持方面投入的资金以及从现金流的角度上来说，目标客户的每一次拒绝都将导致极大的损失。

最重要的一点是，销售狗的角色也变了，即从狗群中的新狗变为制定狗窝法则的"指挥"狗。销售狗每过渡到一个更高的层次，就要承担更多的领导职责。对那些精力集中、不四处跳槽的销售狗来说，领导权力完全是事业发展过程中一个自然而然的附加品。

这种过渡为什么如此重要呢？因为每一个更高的层次都将往你的口袋里装更多的现金。从金钱的角度上看，第一个层次和第四个层次之间的区别意味着收入上会有5~6倍的差距。打猎的本质也发生了变化，当你上升到一个更高的层次时，你会发现打猎不再是在石头和木桩之间冲来冲去，相反，这个过程会以一种战略策划和组织协调的方式呈现在你眼前。你是牵动线绳的人，是木偶玩家，而其他的人——那些入行比你晚的小狗们则去做具体的追捕工作。虽说你在绝大部分时间里仍然是在猎捕，但是你的猎物更大，也更聪明了。

对狮子狗来说，要进入罗伯特·清崎的《富爸爸穷爸爸》一书中所说的 B 象限，可不是一件轻松的事情，原因有以下两点：

1. **他们要么拒绝学习如何推销，要么疏于磨炼自己的推销技巧**。如果你不懂销售，就无法创建或经营一家成功的企业。你必须向你的客户推销产品，向你的员工、投资商和同事推销你的创意。你必须每天都向别人推销你的想法，让他们接受你甘冒风险的理由。遗憾的是，有很多人把这种了不起的天赋浪费掉了，因为在他们看来推销工作十分卑贱。一些人宁愿待在安乐窝里无所事事，也不愿意把自己推到销售狗所熟悉的第一线上。事实上，我的个人经历表明，这种对推销的厌恶情绪背后隐藏着一种对拒绝或对失败的根深蒂固的恐惧。不管你是否要创业，只要你认识到你必须进行推销，而且你必须学会如何把推销做好，那你的生活就将发生彻底的转变。

2. **他们不能或者不愿意组建一支团队**。你必须能把那些对具体领域更熟悉的人聚集在一起。你必须具备足够的信心，相信你的观点或者你的企业能够发展起来，能吸引别人加入。而且你还要足够地投入，不能因为前路艰难，就轻易放弃这支队伍。经验丰富的销售狗都曾面临很多的异议和障碍，他们都曾经全身心地扑在第一线，都曾品尝过酸甜苦辣。他们也都树立了足够的信心，知道自己最终能够成功。有很多人陷在 S 象限无法脱身，就是因为他们担心自己无法取得成功，结果他们让所有人都感到失望。在他们看来，如果自己不能成功，那么至少安于现状可以不用为他人负责。成熟的销售狗知道如何把一群狗组织成一个团队，如何让团队正常运转，哪怕是面对困境。他们知道只凭一只狗的力量是无法获胜的。同样，仅凭一只狗也无法聚敛足够的财富来打造一家成功的企业。

第18章
狗只知道"做事"

有的狗能打猎，有的狗则不行，这其中有一个重要的原因。而这很可能也最贴切地解释了为什么有的人能成功，有的人却不能。一切都取决于你内心的对白。

什么对白？你一定会问。

这个对白就是刚才说出"什么对白"的那一声小嘀咕。是的，就是那声小嘀咕。我不十分确定狗的大脑是如何思考的，但是我猜它的思考方式应该是十分简单的，几乎没有无意识和有意识之分。这意味着什么呢？你一天到晚有意识地加以利用的大脑实际上只是大脑的一部分，它计算、核对、让你开口大声说话，每分钟都在制定重要的决策，比如要不要再来一块甜饼，或者要不要休息一下，来一杯卡布其诺。我听过许多有关利用大脑的故事，但是最近有消息称，我们每天有意识地利用的那部分大脑仅仅是我们大脑的一小部分。而其余的大脑思维被称为"无意识"。我知道你们当中有人会"无意识"地思考，这个问题我一会儿再谈。

就我们正在讨论的问题而言，当你和自己头脑中那一声小嘀咕对话的时候，谈话的大部分内容来自于下意识。你知道，在下意识中，几乎所有的空间都被你那些有关胜利和失败的记忆占据了。我不知道狗的头脑里是不是也回响着这么一声小嘀咕，也不知道它们是否也和人类一样，会和自己头脑中的小嘀咕争论不休。你知道我指的是什么样的对话——意识说："我今天要去接触5个新的目标客户。"而无意识嘀咕着："他们要是不喜欢我怎么办？"意识说："不管怎样我也要去做。"而无意识嘀咕着："我实际上今天可以只做些文字工作，明天再去见那些目标客户。"这种情形对你来说应该并不陌生吧。

  大部分人是"无意识"的。意思是说，那一声小嘀咕源自他们无意识积累的恐惧和担忧，结果导致他当前的逻辑意识声音似乎和那一声小嘀咕是一致的。他们对小嘀咕言听计从，不管它说的是好是坏。对他们来说，小嘀咕即是事实！他们从来都没有犹豫、没有试图去怀疑小嘀咕所提供的信息是否可靠，他们根本就不去思考。这些人完全没有意志力，不受自己的控制。当他们面对发展机遇时，当他们需要抓住机遇迎接挑战时，内心的小嘀咕就开始作怪，结果他们就不惜寻找一切理由来逃避责任，逃避可能出现的不适和尴尬。

  关键是要明白如何积极地利用小嘀咕，同时要很清楚人们面对小嘀咕时都会作出哪些错误的决定。我们在本书中曾多次提到这一点，只是一直没有对此进行真正的探讨。下面，就让我们来看看如何通过最简单的途径对下意识中的小嘀咕进行积极的利用。

  了不起的销售狗都会遵循一个非常简单的行为环节。这个环节的第一步是寻找机会。换句话说，他们实际上是在找一个人，让这个人把球给他们扔出去。他们不是坐在一个角落里，等人把球递过来。多年前，当我决定要在销售行业大赚一笔的时候，我决定去问我的经理是否能让我去开拓一片新的销售领地。如果我当时只是坐在那里空等，很可能直到现在我仍然在等待。了不起的销售狗不会坐等某人施舍一块骨头、提供一次升职机会或白送一份礼物。相反，他们会积极地去寻找这些利益，而且迟早都会找到一个。我找到的是夏威夷群岛中的两个小岛，把它们发展成了我的新领地。不错吧？

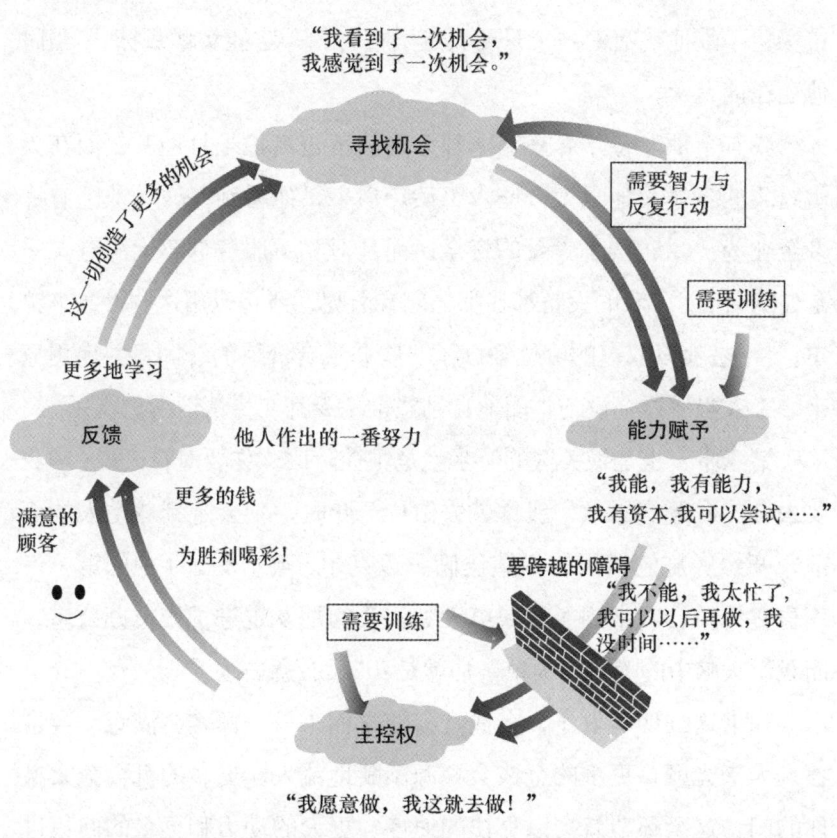

当你翻越这道障碍时，此循环便会加速运转并得到自动力

顺便说一句，你寻找机会的次数越多，就会越擅长发现机会。在做了一年的销售工作后，我开始留心观察会计设备的使用模式，调查愿意购买这些设备的公司的规模以及使用模式。其实，曾经有许多人走过这些地方，但是他们从来没有看到过机会。而我把这里打造成了我在当地的头号销售领地。

第二步被称为能力赋予。当狗看到有人在那里来回逗弄着那个球的时候，它的大脑会嘀咕着："我能让这个人把球传给我。"对我们人类来说，这时大脑应该嘀咕着："我有能力、有资本，我能够想出办法来实现目标。"迈克尔·戴尔曾一眼看到了直销电脑系统这个市场，于是他嘀咕着："只要我走出宿舍，一定能实现目标。"当时他还在读大学。

我有个朋友每年春夏两季都为建筑承包商挖土打地基，而在大雪纷飞的冬季，他只做一些木工活。后来，他看到在城乡地区有许多企业为铲雪花费了大量的资金，而且对相关服务都不太满意。于是他嘀咕着："我的设备都在那儿闲置着呢，我可以用这些设备来铲雪。"于是他以双赢的价位签订了一些非常有价值的合同，并雇用原来的工人操作这个设备，而他自己整个冬天都在尽情地滑雪享乐。

第三步，也是最关键的一步就是主控阶段，你要对自己说："我要去做，我愿意去做，我这就去做！"此时，狗会走到球主人的面前，开始实施它惯用的纠缠伎俩。迈克尔·戴尔发出了他的第一份广告宣传单，我来到了夏威夷大岛，我的朋友走进了城市办公室。而我们头脑中的嘀咕很简单，那就是："我愿意去做。"

如果这一切奏效了，金钱就会随之而来——顾客会满意，会推荐别人来光顾，更多的金钱会源源不断地流入，更多的机会会来敲你的门，这个环节就会以更快的速度、更大的动力和更多的回报进入下一轮的循环。

很简单，对吗？错了！因为大部分人都在"我能"和"我愿意去做"这两个阶段之间徘徊不前。有时候另一种小嘀咕会占了上风："我今天可以去做，但是我不愿意做，因为我今天感觉不对劲，我很可能会把事情搞砸。""我明白我可以把我们的新服务推向一个新的市场，而且我知道该怎么去做，但是我更愿意下个月再尝试。""我今天还可以再做一次推销，但是我还有其他事情要处理，所以还是明天再说吧。"这些话听上去是不是很耳熟啊？

我觉得狗不会经历这些精神上的折磨，他们的思维方式很简单，看到机会后，就会从"我看到"跳跃到"我愿意"直至"我做了"。了不起的销售狗在跨越这个界限上都是高手，他们会很快来到

"我这就去做"的境界。你一定记得耐克那句著名的广告词——"Just do it",为什么耐克可以凭借这句广告词赚到那么多的钱?就是因为大部分人都没有去做!他们都是说起来天花乱坠,事到临头却又纷纷找出一些理由退避三舍或者再三拖延,尽管他们知道自己应该"去做"。所以,他们会产生这样的感觉,如果自己买了迈克尔·乔丹脚上的那双耐克鞋,那自己就仿佛是"已经做过了"。

为什么有的狗能打猎而有的狗不能打猎,主要原因就在于此。这是成功乃至个人发展的核心。先不要去想销售,先想想你的生活。"我看到有一份基金在过去3年里一直在创造收益。""我可以每个月自动存上100美元,作为长期投资。""但是我不能,因为我现在根本就入不敷出。"或者:"我看出妻子今天过得不好。她看上去很疲惫,我可以拿出5分钟的时间听听她今天的遭遇,给她一些安慰和支持……不过,我太累了,太忙了,我可以以后再这么做。"或者还有更糟糕的:"她上次安慰我是什么时候啊?"

每一次你都在事到临头时退却,你和你试图争取的目标——一笔销售交易、一笔财富或者一种出色的人际关系,总之你和它之间的距离越来越大。在你和你的目标之间出现了一堵墙壁,它变得越来越厚重,直到一段时间过后,再没有任何动力能够穿透它。

销售的美感在于它每天、每时、每刻都在为你提供机会,让你面对事到临头的那一刻。神奇的是,你越是有能力不受大脑中小嘀咕的干扰、突破这个界限,你在生活其他领域内做起事情来就越是能够势如破竹。这就像铲除冰山一样,迟早会出现一个裂缝,最终将冰劈成两半,接着,一系列了不起的事情就会接踵而至。正是通过这个途径,富人变得越来越富,出色的人际关系变得越来越巩固,一只销售狗最终夺取了冠军,而销售额也像滚雪球一样。

训练自己应对拒绝的能力以及打推销电话的能力,其目的并非在于推销,而是要训练你的头脑,让你的思维习惯跨越障碍,从"我能"到"我愿意"到"我做了"。

新加坡航空公司是我的客户之一。它可能是世界上公认的客户服务堪称一流的公司之一。它同样也是通过上述环节实现了自己在客户服务上的转变。在这家航空公司，每一个人都要接受培训，学习如何跨越这道障碍，这样当他看到一个可以为顾客提供服务的机会时，就会感觉自己有足够的力量去说"我能而且我愿意"，而不必去寻求批准或许可。这样一来，整个航空公司就变成了一个服务和销售的天地。这种培训的效果远远超越了大多数航空公司采用的那种提供销售和服务的、常规的产品升级办法。在这家航空公司，每一个员工和代理都接受过培训，都能够控制局面，都能在面对顾客时作出正确的选择。

当我还在空运行业时，便认定公司培训中蕴藏着无限商机。我知道我可以通过教别人去激发他们改善自己的工作表现，帮助他们提高自己的生活质量。而至于我是否愿意去做，就是另外一回事了。当时这么做的风险非常大，一旦失败，我们很有可能被饿死。

不过，我和我妻子还是打点行囊，离开了南加州，前往凤凰城去开创新的生活。我们深深地吸了一口气，说："我们愿意去做。"下定决心去做对我们来说并不困难，因为我们曾经经历过。我们在经营货运业务的时候经历过，在结婚的时候经历过，在业务面临困境的时候每天都在经历。但最重要的是，在销售行业就职的这些年里，我一直在做着同样的事情。我决定跑到大岛。我每天都决定再多打一通电话。我无数次决定把信投递出去，哪怕这一次投递并不必要，并且不符合常理。但是当质的飞跃在那一刻终于来临时，我的信心就会空前高涨。恐惧总是有的，但是对出色的运动员来说，恐惧是最好的动力，因为他们清楚地知道，只要自己敢于跨越障碍，就能为未来的努力积聚更大的能量。

如果你从本书中一无所获，那么请帮我一个忙。把这本书放下，找出一个在你生命中有着重要意义的人——你的孩子或是其他一个对你来说最重要的人，走到他们面前，抓住这个机会与他们沟通。你只要对自己说："我看到了这个机会，我可以利用这 60 秒的时间为我们之间的关系增添一些美好的东西。我能，而且我愿意。"去做吧！这是你能走出的最重要的一步。再做一次，你会发现一切都变得更自然、更轻松。如果你真的做到了，那你将面临两种情况。一是你们的关系会比从前好上千倍，二是你在生活其他方面跨越障碍的能力也将得到飞跃。你会发现，推销、打电话都变得更简单了，学习新技巧变得更轻松了，而做一个你自己想做的人也不再是一件困难的事情了。

　　狗从不多想。它们朝屋子这边看过来，看到了你，看到了一个找人陪伴的机会，接着，它们就简简单单走了过来，用鼻子蹭你，把湿湿的脸埋在你的膝间。去试试吧——奇迹就在你眼前！

第 19 章
你究竟是哪一种销售狗

那么,你究竟是哪一种销售狗呢?

你是顽强的比特狗吗?你只需要一点点激励就会立即跳起来追逐猎物吗?

你是更世故一些的狮子狗吗?你明白最关键的就是给人留下美好的第一印象、做好个人市场营销,并和恰当的人建立关系吗?

你是金毛猎狗吗?你从不逼迫目标客户,而是"依偎"着他、寻找一切能为他服务的机会,直到你成为他的首选供应商为止吗?

或者,你是天生好学的吉娃娃吗?你最向往的就是被公认为该领域所有产品的专家吗?你希望被视为"知识的源泉"吗?

你是巴吉度猎狗吗?你总是按照自己的节奏努力推进、坚持不懈、通过长时间的努力建立自己的声誉及亲和力吗?你是不是有可能迷惑你的目标客户,让他错误地感觉到一种舒适感和安全感?你是否可以慢慢地、但十分有把握地把目标客户的固执一点点削弱,直至彻底攻破,在别的狗早已放弃他们的时候,你哪怕追到天涯海角也要把他们搞定?

或许,你是一只喜欢豪赌的看家狗吗?对你来说,活着就是为了那一次一掷千金的闪亮登场吗?还是你一直梦想着成为一只看家狗?

你最有可能遇到的情况是,从好几种狗的身上都看到了许多与自己类似的性格特征。那你就是超级混种狗——狗棚里最有能力、最有效率的一只狗。也许你是好几种狗的混合品种,也许你可以在任何特定的一天里,按照特定的需要展现出某一种狗的风采来。

我希望本书能使你对自己和自己的优势有一个更好的理解。我希望它能让你产生一种相对平和的心态,接受原原本本的自己,不再逼迫自己去做一些根本做不来的事情。关于销售的一个神话就是:我们要想成功,就必须变成一个完美的全才。而要想干一番大事业,就必须做一只好斗的、凶猛的军犬。我希望这些神话现在都已经被打破了。事实是,你需要做的就是了解并发挥自己的长处,回避或弥补自己的弱点。向其他某些销售狗学习,学习他们的特长,做一只彻头彻尾的超级混种狗!

在多年的生活经历中,我曾见过来自世界各地的许多了不起的销售狗,品种可谓应有尽有,而他们每一个人都以自己独特的方式获得了辉煌的成就。我发现,如果每个品种的销售狗都可以按照自己感觉最畅快的方式去尽情奔跑,就都能取得令人难以置信的成绩,也都能持续不断地实现自身的发展、取得非凡的业绩。但是,如果你把他放在了一个错误的位置上,那即使是最出色的销售狗也会表现欠佳。

戴维是我的导师之一。他是信息商务的创始人,在美国乃至全世界范围内,他所发起的成功的直接营销攻势在数量上都是首屈一指的。他的血液中天生就有一种"狗性"。在下面的对话中,我们可以看到他对自己的评价。

问:戴维,哪一个品种的狗最符合你的特征,为什么?

戴维:我的第一反应是比特狗。我很勇猛,而且我感觉正是这种特性让我和其他的狗有所区别。如果我想和比尔·克林顿说话，那我就会去找他说话，我会拨打200个电话通过一个又一个人寻找他，直到在电话那端找到他为止。所以，我的第一感觉是比特狗。

不过，比特狗缺乏优雅的风度。他们总是去攻击，而我不是这样；他们会狠狠咬住对方，向对方施加压力，而我不会这样做；看到对方受伤或者死掉了，他们会异常兴奋，而我从不这样，我知道总有一天我还要面对这些人；他们会咆哮，会威胁别人，而40多年的经验告诉我，咆哮和威胁永远不起作用。我喜欢让对方认为自己做了一笔天底下最划算的交易——比特狗可不管这些。

因此我觉得还要比比特狗更有风度。当然，一想到风度，我就会想起阿富汗猎狗。但是，用阿富汗猎狗作为我的形象代言也存在几个问题。首先，它们是四足动物中最蠢的。我可能算不上是最聪明的人，但我知道我至少不是最蠢的。其次，他们需要大量的关注与照顾，而我几乎不需要这些。最后一点，他们谨小慎微，我却不是这样。

杜伯曼猎狗也有优雅的一面。我妻子琼养了一只特别出色的杜伯曼猎狗，我和它相处了许多年。这种狗和我非常像——好斗、精明、不需要太多的照顾。可话说回来，它让人感到害怕，人们一看到它就会躲到马路另一边去，而我不是这样，人们会隔三岔五地给我打电话，想和我做交易。没有人想和一只杜伯曼猎狗打交道。不过，我倒是很喜欢它们让人又敬又怕的绝妙本事。

另外还有英国的大驯犬。我曾经养过4只这个品种的狗，所以对它可能有点偏爱。不过，它和我也确实有某些相像的地方：高大、随意、好养，忠心耿耿而且非常勇猛。一眼看上去，它们似乎非常可怕，但是一旦你了解了它们，就会爱上它们。

不管什么时候只要和它们在一起,你都得准备一块擦口水的布,因为它们的口水会淌得你满身都是——而你必须接受这一切,把这看成是它的一部分。(要知道,有失必有得。)

所以,在本质上我是一只英国大驯犬(不要和牛头驯犬搞混了,后者体型小得多,而且非常娘娘腔)。

问: 要想在销售中取得非凡的成绩,最重要的两点是什么?

戴维: 这个问题就好回答多了。

首先,永远要站在客户的立场上去考虑问题。你要对自己说:"如果我是这个目标客户的话,为什么要和我做生意呢?"考虑一下目标客户的工作中有哪些方面是他极为厌恶和急于摆脱的。如果你能够找到这个关键点,那你只要按下这个键,基本上就能让他说出你想让他说的话了。要学会像目标客户那样去思考问题,为他服务,让他的生活轻松起来,而你也将取得非凡的销售业绩。

戴维在向我推销的时候,只是说:"如果我能替你实现xyz,你是否愿意付出百分之x?"我说:"如果你真的能做到,这笔生意就是你的了!"就是这么简单!

"他们要什么就给什么!"

第二点就是交流。假设你去机场赶乘上午9点的飞机,而到了之后才发现,前一天晚上11点这个航班就被取消了,那你一定怒不可遏。"你们为什么不通知我?我本来可以另作安排的。"所以,一旦你答应某人在星期二向他提供某些信息,而你却未能如约履行,那么一定要尽快给他打电话,告诉他:"布莱尔,我今天不能如约为你提供那些信息了,不过我会在星期三中午11点以前把信息给你的。我会打电话把数据告诉你,然后再给你发送一份确认的传真。如果你到时候不在办公室，我会给你发送一份电子邮件，这样不管你在哪儿都能收到这些信息。"一定要及时给对方回话，揣测客户的需求，在他们开口之前主动提出你愿意满足他们的需求。当你完成一项工作的时候，要给客户打电话，让他及时了解事情的进展。不要等他给你打电话询问进度，要不断和他交流。

真正的猎犬必须具备金毛猎狗的意识

你让我说两点，可我还有第三点要说。那就是，要承担1000%的责任。不要说"东西丢在车上了"之类的借口。不要说"事情比我预计的要花更多的时间"，这都是借口。不要说"我的资料员今天没来"，这同样也是借口。不要找借口。如果你把事情弄糟了，就必须承担你该承担的责任。"你好，布莱尔。我答应昨天给你快递过去一个手册，可现在它还没出来呢，我很抱歉，我今天就把它给你送过去。请接受我的道歉，我没把事情做好。"

就得这样做，我的朋友。

戴维是一个真正的主人。

我们在本书开始的时候还揭示了另外一些误区。我希望你能认识到销售狗意识的价值所在，哪怕你并未涉足这个领域。虽然并非每一个人都是活跃在职业舞台上的销售狗，然而事实上，我们都在随时随地进行推销或谈判。你也许断定了销售不合你的胃口，你也许认为自己目前的工作领域和销售扯不上关系，因此，你那天生的"狗性"可能就还处于休眠状态。

不过，不管你做什么，了解自己在日常交际中的秉性对你取得成功也是至关重要的。我们人类总是以为大家都和自己一样。比如，如果你是一个经理人，你可能很不愿意去做一项具体的工作，因为你觉得这项工作太讨厌了。事实上，你厌恶的事情很可能很合另一个人的胃口。所以，你要能够识别周围的人分别属于哪个品种的销售狗，这一点非常有价值，而且其价值远远超出了销售本身。你和哪种狗结了婚？你的朋友是哪种狗？你的老板呢？了解你周围的人的行为特征和性格特征，有助于你和他们更好地沟通，更和睦地相处。

要想在这个行业中生存和发展，你不一定非要有犀牛皮那样厚的脸皮，不一定非要有外出觅食的老虎那样的杀手本领。你也不必为了从生活中得到你想要的东西而变成另一种人。你可以做你自己，你可以像自己想象的那样成功，只要你忠于自己，了解自己的天赋和长处，学会控制自己的思维和情绪。

我相信，最具挑战性的职业就是那些给你机会去影响他人、说服他人并向他人推销的职业。除此之外，还有什么能让你不得不面对自己、认清自己究竟是谁、在每一天里都对自己进行剖析并看个究竟的呢？伟大的推销员比比皆是，有的已经在最前线战斗着了，有的还处于休眠状态。我猜你眼下就有可能成为一只不屈不挠的猎狗，这样的狗都是能给社会带来巨变、推动社会发展、给社会造成巨大影响的了不起的人物。

作为一只销售狗，有时候你必须面对拒绝、失望和沮丧。你还会经历人生中的激动、兴奋、热情以及成功的喜悦。这是一种很不稳定的生活状态，但是它每时每刻都会为你提供机会，使你有可能成为你能够成为的最出色的人。

狗从不放弃，它们自始至终都充满热情并乐观向上。销售狗也确实就是为此而生的。我们都有能力去面对自己的恐惧，都有能力去推销，都有能力去实现自己最大的理想，都具备追捕的意志力，都有能力乐观地对待自己可能得到的机遇。

不论是你的销售人员、你的员工、你的合作伙伴还是你的孩子，他们人人都爱赢。你的工作就是把自己最出色的能力发挥出来，并转而把他们最出色的潜力激发出来，让他们尝到赢的滋味。你生来就具备这种能力。如果你对做这样一件事情有天生的激情，那你将成为你所在团队的领袖人物，激励一大群人。你将成为大赢家，而你的团队也将成为大赢家。你将对成千上万的人的生活产生影响，虽然你可能永远也不会直接去面对这些人，但他们的生活以及他们的事业将因为你的努力而变得更美好。

你还要记住，"每一只狗都有属于它的那一天"。这一天迟早会到来，成功是早晚的事。你要保证的就是采用恰当的方法和手段去扩大战果——庆祝胜利、享受胜利。

作为人类，我们所看见的大部分事物都会留在我们的记忆中。当我们看到了一个微笑，记忆会告诉我们，这意味着对我们表示认可；当我们看到一张熟悉的面孔，记忆会提醒我们这是一个朋友。但是销售狗的记忆中只有他们嗅到的东西。当交易的气息被他们

的嗅觉感官所熟悉时，他们就能够从好几千米以外的地方一路寻来。猎物的气息也是一样。请相信你的嗅觉，并教会你的销售狗也这样做。

做情绪的主人，你就可以享受自由、享受支配一切的权力，因为你知道你正在掌握自己的生活，你就握紧了方向盘，没有人能把它从你手中夺走。

最后一句建议

"了不起的推销员是天生的还是后天培养出来的？"——对此人们仍在激烈地争论着，而我让你自己来定夺。只有你能作出判断。我们具备非凡的潜力，完全有可能成为自己梦想成为的人物，而且我真诚地希望，如果本书对你没有产生任何作用，也至少可以在你的头脑中打开这样一扇窗户，让你认识到这个再简单不过的事实。人们都说"狗是人类最好的朋友"。当你踏上征程，在销售世界中拼杀或闯荡时，记住这条最为重要的原则：当你处境艰难时（你肯定会面临这样的困境），记住，要做你自己最好的朋友，善待你自己——这是你理应拥有的。勇敢地去追捕，完美地去推销吧！

提高财商的三个方法

方法一：阅读"富爸爸"系列书籍

财富观念篇
《富爸爸穷爸爸》
《富爸爸为什么富人越来越富》（《富爸爸穷爸爸》研究生版）
《富爸爸财务自由之路》
《富爸爸提高你的财商》
《富爸爸女人一定要有钱》
《富爸爸杠杆致富》
《富爸爸我和埃米的富足之路》
《富爸爸那些比钱更重要的事》
《富爸爸为什么富人越来越富》
《富爸爸为什么我们希望你成为有钱人》
《富爸爸第二次致富机会》
《富爸爸 8 条军规》

财富实践篇
《富爸爸投资指南》
《富爸爸房地产投资指南》
《富爸爸点石成金》
《富爸爸致富需要做的 6 件事》
《富爸爸穷爸爸实践篇》
《富爸爸商学院》
《富爸爸销售狗》
《富爸爸成功创业的 10 堂必修课》
《富爸爸给你的钱找一份工作》
《富爸爸股票投资从入门到精通》
《富爸爸为什么 A 等生为 C 等生工作》

财富趋势篇
《富爸爸 21 世纪的生意》
《富爸爸财富大趋势》
《富爸爸富人的阴谋》
《富爸爸不公平的优势》

财富亲子篇
《富爸爸穷爸爸（少儿财商启蒙书）》适合 3~6 岁
《富爸爸穷爸爸（漫画版）》适合 7 岁以上
《富爸爸穷爸爸（青少版）》适合 11 岁以上
《富爸爸发现你孩子的财富基因》
《富爸爸别让你的孩子长大为钱所困》

财富企业篇	《富爸爸如何创办自己的公司》
	《富爸爸如何经营自己的公司》
	《富爸爸胜利之师》
	《富爸爸社会企业家》

方法二：玩《富爸爸现金流》游戏

《富爸爸现金流》游戏浓缩了《富爸爸穷爸爸》一书的作者——罗伯特·清崎三十多年的商界经验，让我们在游戏中模仿和体验现实生活的同时，告诉游戏者应如何识别和把握投资理财机会；通过不断的游戏和训练及学习游戏中所蕴含的富人的投资思维，来提高游戏者的财务智商。

扫码购买《富爸爸现金流》游戏

方法三：关注读书人俱乐部微信公众号，在读书人移动财商学院学习财商知识

北京读书人俱乐部微信公众号由北京读书人文化艺术有限公司运营，为富爸爸读者提供既符合富爸爸理念又根据中国实际情况加以完善的财商相关课程，帮助读者系统地学习和掌握富爸爸财商的原理、方法和实操技巧，助力富爸爸读者的财务自由之路。

readers-club

扫码关注读书人俱乐部

开始学习

图书在版编目（CIP）数据

富爸爸销售狗 /（美）布莱尔·辛格著；萧明译.
— 成都：四川人民出版社，2017.10（2020.5 重印）
ISBN 978-7-220-10356-8

Ⅰ.①富… Ⅱ.①布… ②萧… Ⅲ.①销售–通俗读物 Ⅳ.① F713.3-49

中国版本图书馆 CIP 数据核字（2017）第 227472 号

Sales Dogs
Copyright © 2001, 2012 by Blair Singer
This edition published by arrangement with Rich Dad Operating Company, LLC.
版权合同登记号：图进 21-2017-505

FUBABA XIAOSHOUGOU
富爸爸销售狗
〔美〕布莱尔·辛格 著 萧明 译

责任编辑	唐 婧
特约编辑	张 芹
封面设计	朱 红
版式设计	乐阅文化
责任印制	聂 敏

出版发行	四川人民出版社 （成都市槐树街2号）
网　　址	http://www.scpph.com
E-mail	scrmcbs@sina.com
新浪微博	@四川人民出版社
微信公众号	四川人民出版社
发行部业务电话	（028）86259624　86259453
防盗版举报电话	（028）86259624
照　　排	北京乐阅文化有限责任公司
印　　刷	三河市中晟雅豪印务有限公司
成品尺寸	168mm×234mm　1/16
印　　张	16.5
字　　数	201 千
版　　次	2020 年 5 月第 2 版
印　　次	2020 年 5 月第 1 次印刷
书　　号	ISBN 978-7-220-10356-8-01
定　　价	78.00 元

■版权所有·侵权必究

本书若出现印装质量问题，请与我社发行部联系调换
电话：（028）86259453